AF609187

# DÉFENSE
DE
# LA POLOGNE.

# AVIS DE L'IMPRIMEUR.

Le manuscrit de cet ouvrage a été confié à l'Imprimeur dans le commencement de cette année, pour être publié ; différentes circonstances imprévues ne l'ont pas permis : depuis, les succès rapides de nos armées et la situation actuelle de la Pologne, auraient exigé quelques réformes et quelques développemens dans l'ouvrage ; mais l'Auteur ayant été absent, n'a pas pu s'en occuper : aujourd'hui, prêt à rejoindre l'armée, il n'ose entreprendre des changemens qu'il craindrait de ne pouvoir achever. L'Imprimeur se décide donc à l'offrir tel qu'il est, persuadé qu'il sera bien accueilli des Polonais et des Gens de Lettres à qui le sort de la Pologne ne saurait être indifférent. On lira sûrement avec intérêt la défense de la gloire morale et politique de la nation polonaise, et la réfutation des écrits qui ont attaqué son honneur.

# DÉFENSE
## DE
# LA POLOGNE,
## OU
# HISTOIRE
## MORALE, POLITIQUE ET LITTÉRAIRE
## DE CET ANCIEN ÉTAT.

---

A tous les cœurs bien nés, que la patrie est chère !
Voltaire, *Tragédie de Tancrède*.

---

PAR Mr. GEORGES DE DESPOTS DE ZENOWICZ.

PARIS,
DE L'IMPRIMERIE DE DONDEY-DUPRÉ,
RUE DE TURENNE, N°. 46.

1812.

Se vend à Paris, chez DONDEY-DUPRÉ, Imprimeur-Libraire, rue de Turenne, n°. 46;

A VARSOVIE et à LÉIPSICK, chez les principaux Libraires.

# DISCOURS PRÉLIMINAIRE.

La Pologne a changé de système; son antique honneur, ainsi que sa puissance, et son indépendance, ont été détruits; mais la nation qui peuplait cette république n'a point été éteinte, et il ne peut être indifférent pour les autres peuples de la bien connaître: elle a conservé son énergie, son courage, et n'a point perdu les droits qu'elle a eus si long-tems à la gloire, et qui l'ont rendue l'objet de la haine ou de l'envie de la puissance russe (1).

(1) Outre l'intérêt de la justice qui doit rendre les motifs qui servent de base à cet écrit, agréables aux

Jusqu'à ce jour cette nation, qu'il sera aisé de rendre respectable aux yeux de l'univers lorsqu'on la présentera sous ses véritables traits, et lorsqu'on montrera les obstacles inconcevables qui s'opposèrent dans les derniers tems à sa civilisation et à son indépendance complète en bornant constamment sa carrière de gloire, n'a été ni connue ni appréciée; une fatalité même semble s'être opposée à ce qu'elle recueillît les fruits de l'estime qu'elle avait fait naître par les éclatans services qu'elle rendit en tous les tems aux peuples du continent, services dont je montrerai la réalité lorsque

---

peuples, une nécessité politique voudrait que l'Europe relevât le courage et l'espoir des anciens Polonais qui peuvent concourir encore à la gloire commune : d'ailleurs, des tableaux semblables à celui-ci ont toujours offert des exemples avantageux : sans cela, pourquoi reproduirait-on sans cesse l'histoire des nations qui ont eu le sort de la Pologne, et même de celles dont les membres ont disparu dès long-tems de la terre ?

je ferai connaître ses anciens rapports politiques, et lorsque j'exposerai sa conduite dans les grandes crises où l'Empire s'est plusieurs fois trouvé.

L'erreur générale dans laquelle sont tous les peuples à l'égard de la Pologne jusqu'aux époques présentes, émane uniquement de l'industrie et de la mauvaise foi des écrivains qui ont parlé d'elle; le sentiment qui dictait leurs écrits, avait pour fondement l'ignorance dans les uns, et dans les autres, la vénalité ou l'esprit de parti. Il est inconcevable que ces écrivains, bien loin de déplorer la destinée d'une nation qui avait brillé dans la guerre et la politique, et qui, quoique devenue du second ordre, fixait les regards attentifs des peuples, et leur inspirait le respect, se soient montrés dans leurs ouvrages, comme inspirés par la haine, et comme s'ils eussent adopté secrètement le système de la puissance ambitieuse qui avait voulu s'emparer de l'héritage des Polonais, et qui avait intérêt de les avilir à tous les yeux : ces écrivains, que je veux citer au tribunal de l'opinion des peuples et de la postérité, ont montré dans les vues des Polonais les causes uniques de la destruction de leur état, et ils les ont jugés dignes de leur triste sort. Les historiens qui ont été de bonne foi, entraînés par le même motif, ont condamné à leur tour la nation sous ce rapport, et égarés par l'opinion des premiers, ils n'ont pas découvert que les désordres qui régnèrent en Pologne, et la continuation de ces désordres, eurent d'autres causes que les vices de ses habitans : s'ils eussent bien connu ces causes, ils auraient justifié son peuple, et ils auraient été convaincus qu'il ne pouvait soutenir son existence, quelles qu'eussent été ses vertus, dans la situation où il se trouvait, et où aucune nation ne s'est jamais vue. Je prouverai ces vérités lorsque je traiterai de la politique de cet ancien état et des divers partages qu'il a subis. Je suis loin de reconnaître, comme la généralité des écrivains, l'existence de ses vices. Je montrerai dans l'ouvrage la nation sous son véritable aspect moral, et le lecteur pourra alors prononcer à ce sujet. Mais en supposant qu'elle fût dégradée, comme on l'a affirmé, comment les écrivains n'ont-ils pas vu, lorsqu'ils ont signalé ses vices, que leurs applications pouvaient être faites à tous les peuples indistinctement? Ils se seraient moins acharnés sans doute à déprimer le peuple polonais, s'ils eussent considéré sur-tout qu'aucune nation européenne ne pouvait se récriminer à cet égard contre de tels vices.

En parlant de cette erreur commune des écrivains à l'égard de la Pologne, pour montrer leur partialité, le peu de consistance de leurs opinions, et la fausseté de leurs observations, ou celle des mémoires sur lesquels ils ont travaillé, je dois faire remarquer une autre erreur qui n'est pas moins grande, et qui les a portés à voir la Russie sous une face différente de celle qu'elle a réellement. Cette dernière erreur a un but totalement opposé. Ils présentent la Russie sous le plus bel aspect; ils la montrent comme civilisée et savante, tandis qu'elle est barbare et dans la stupidité de l'ignorance; ils foudroient la Pologne en despotes de l'opinion, et rampent devant le peuple russe qui, quoi qu'en disent l'adulation et la flatterie, se trouve encore sous les rapports de la police et des lumières, au dernier rang des nations européennes. Écrivains, ennemis de ma patrie, (car je vous déclare que je suis Polonais; et à quel autre convient-il mieux de réfuter vos paradoxes et vos assertions mensongères)? vous avez trop oublié les devoirs de votre état, qui doit avoir pour base la justice et la vérité; vous avez trop avili la dignité de l'historien en ménageant la nation riche et puissante, que vous croyiez libérale pour les honneurs comme pour les bienfaits; vous avez trop long-tems cherché à imprimer le sceau du mépris sur le front de celle dont vous n'attendiez que la simple reconnaissance de l'estime, pour que je veuille vous épargner! N'avez-vous pas mérité cette apostrophe déshonorante? et ne semblez-vous pas indiquer que votre raison est trop faible, et vos ames trop dégradées, pour que vous puissiez connaître ce noble prix de l'estime?

J'ai vu que pour réfuter d'une manière puissante l'opinion des écrivains abusés ou séduits, je devais me reporter à l'histoire entière de la nation, la discuter dans toutes ses parties, et mettre dans tout son jour l'existence politique de ses monarques. Je place donc en tête de l'ouvrage un précis raisonné où la conduite de la nation, et celle de ses princes se trouvent exposées et scrutées en suivant toutes les époques de l'histoire. Le faux aspect sous lequel on a présenté la nation dans les instans rapprochés des partages, qu'on a nommés ses révolutions, m'a obligé d'ajouter deux tableaux sur la situation politique intérieure et extérieure de cet état : la conduite du peuple à l'égard de son roi, de l'étranger et de lui-même, est clairement exposée et justifiée dans cette partie de l'ouvrage. Je prouverai sans difficulté que n'étant maître alors d'aucune de ses volontés, il n'a pu marcher d'un pas fixe et d'une manière constamment invariable vers un but glorieux.

En dévoilant le secret du systême de la Russie, systême qui circonvenait la nation polonaise dans toutes ses actions publiques, et qui agissait appuyé de toutes séductions, je montrerai la longue résistance des Polonais, comme une espèce de prodige. Ce terme n'est point trop fort, et l'effet de leur conduite ne peut être exprimé différemment, vu la multitude des causes aussi influentes qu'actives, qui tendaient à détruire en eux toute énergie, toute vigueur et tout courage: le lecteur entreverra que la Pologne pouvait être utile à la Russie même, parce qu'elle pouvait lui servir à son tour de bouclier contre les agressions des peuples continentaux, et parce qu'elle servait de frein à cette ambition illimitée qui doit la rendre l'ennemie de l'Europe entière, et déterminer à la fois sa chûte. Dans le chapitre où j'expose de quelle utilité la Pologne fut à l'Europe entière, j'espère prouver péremptoirement que l'harmonie politique du continent tenait à l'existence de l'état anéanti.

Dans l'esquisse des rapports de la Pologne avec la France, je démontrerai que son peuple concourut, quoique indirectement, à la conservation et à la gloire de cette dernière; je lui montrerai en ce jour notre nation comme l'auxiliaire le plus puissant qu'elle puisse avoir au fond du nord, et je lui ferai voir cet allié nécessaire comme inclinant par son caractère, ses mœurs et ses sentimens, à se confondre avec la grande nation ; je montrerai en outre, d'après les rapprochemens les plus forts et d'après les rapports les plus vrais, combien la politique de la France, qui lui fit accorder sa protection spéciale aux Polonais, est fondée sur l'équité et sur le véritable intérêt de son système.....

Dans un chapitre final, je réfuterai les opinions des écrivains, sur ce qui a rapport au caractère, aux sentimens et au génie de la nation, et je m'étayerai de celle des auteurs qui lui ont rendu justice. Ici on trouvera une singularité frappante; ce sera l'apologie de ses sentimens, de son caractère ou de son génie, faite par ceux qui ont attaqué politiquement sa gloire. Pour détruire l'absurdité de leurs opinions sur le manque ou l'infériorité du génie de la nation, je n'aurai qu'à faire la nomenclature de ses littérateurs, de ses poètes, de ses historiens et de ses savans; et lorsqu'il s'agira de ses vertus militaires, j'interpellerai les armées entières de la France, qui savent si les Polonais ne sont pas dignes d'être associés à la nation la plus brave de l'univers, sous les rapports du courage et des talens militaires.

O mes compatriotes! j'ai dû vous consacrer cet ouvrage. Contens de votre estime personnelle, vous avez été assez magnanimes pour vous élever au-dessus de l'opinion, pour mépriser les clameurs des ennemis de votre gloire, et pour ne pas leur répondre: mais songez que l'honneur national est un dépôt sacré que la patrie vous a confié, et que vous ne devez pas souffrir que l'opinion y porte atteinte. Pénétré de cette vérité, et animé par ce puissant intérêt, j'ai osé prendre la plume, quoique je connusse l'insuffisance de mes talens, pour offrir cet hommage à la vérité et à ma patrie ; la cause que je défends est trop belle pour ne pas inspirer un intérêt général : je suis assuré d'avance de l'indulgence du public de toutes les nations. Il est impossible qu'en envisageant la pureté de mon motif et la cause de ma hardiesse à publier cet écrit, tous les hommes qui pensent, et qui sont les seuls dont on doive ambitionner le suffrage, n'écartent point l'austère critique en faveur d'un jeune homme qui reconnaît la faiblesse de ses moyens, mais qui est entraîné par le sentiment qui fut toujours regardé comme l'un des plus respectables.

Polonais, l'estime commune vous prépare ses palmes, qui vous couronneront aussitôt que l'impartialité et la justice auront jeté un voile impénétrable sur les pages de ces histoires tracées par la prévention et l'imposture, et dès l'instant que l'univers connaîtra votre but honorable, ainsi que l'héroïsme de vos sentimens.

# INTRODUCTION

OU

# PRÉCIS HISTORIQUE.

Avant de présenter le tableau de la Pologne moderne sous le rapport moral et politique, de montrer à l'Europe quels ont été les droits de mes compatriotes dans les siècles qui précédèrent celui-ci, et avant de réfuter les erreurs des écrivains qui ont attenté à l'honneur de ma première patrie, j'ai cru devoir offrir dans un Précis historique raisonné, l'esquisse des évènemens glorieux qui l'illustrèrent dès sa naissance, et qui se sont succédés sans interruption depuis le règne de Lech Ier. qui fut le fondateur de la monarchie polonaise, qu'il gouverna, ainsi que nombre de ses successeurs, sous le titre de *duc*, jusqu'à la fin de celui des Jagellons et de leurs descendans, et même jusqu'à la mort du célèbre Polonais Sobieski. Je m'arrêterai au règne des grands monarques qui ont occupé son trône, sur-tout de ceux qui, par leur valeur, par leur politique et leur amour pour l'ordre et la justice, ont mérité d'être associés aux Alfreds, à Charlemagne même, et à tous ceux qui, en gouvernant les autres nations européennes, ont mérité l'immortalité par leurs éclatantes vertus politiques et militaires. En exposant les faits avec précision et vérité, je détruirai le préjugé qui a fait regarder la nation polonaise comme barbare, et l'a fait comparer à la Russie sous ce rapport, tandis qu'elle fut long-tems florissante sous celui de la gloire militaire, sous celui même des lumières, et qu'elle posséda une politesse de mœurs, non moins grande que celle des nations européennes chez lesquelles a d'abord brillé la civilisation. Le lecteur impartial jugera, en examinant les divers traits de ce tableau, qu'aucun peuple européen ne fut au-dessus du polonais, et que dans les premiers momens où celui-ci signala sa grandeur, pas un de ceux qui tiennent aujourd'hui le sceptre de la gloire, excepté la France, ne s'est montré avec autant d'éclat. Je dirai plus, et il me sera aisé de le prouver en comparant l'histoire des deux peuples, la France, sous les différens rois qui succédèrent à Charlemagne, et jusqu'à un certain période de la 2e. race, fut en quelque sorte inférieure à la Pologne, quant au mérite de ses monarques, quant à sa politique extérieure, et même quant à ses lumières et à ses mœurs. Je m'abaisse devant ma nouvelle patrie, dont j'attaque ici l'antique honneur; mais la vérité est le premier devoir de l'écrivain, et la France est trop grande aujourd'hui, et son peuple trop magnanime, pour qu'il veuille d'une gloire qu'il n'ait pas entièrement méritée. Une erreur générale qui existe au sujet de la Russie, dont on juge faussement l'ancienne gloire par sa puissance actuelle, et par l'accroissement apparent de sa civilisation, me met dans le cas d'ajouter, en développant l'idée émise plus haut, qu'elle était entièrement dans la barbarie, tandis que la Pologne était déjà policée; qu'elle fut même, sous le rapport militaire, dans un état de médiocrité jusqu'au règne de Pierre Ier., et qu'elle n'a dû sa suprématie nouvelle qu'à sa position isolée, et à cet esprit de ruse et d'intrigue qui est propre à son peuple, et auquel Pierre Ier. donna le plus puissant ressort.

En considérant combien cette dernière puissance a été méconnue et favorisée par l'opinion générale, et combien la Pologne a été méconnue à son tour dans le sens opposé, malgré que son histoire consacrât sa grandeur, et que les monumens qui l'attestent se trouvassent dans celles des autres nations du nord et du levant, je ne puis m'empêcher de m'écrier : le délire est-il réservé à gouverner sans cesse l'opinion des hommes? et la prévention et l'injustice doivent-elles être toujours ses régulateurs ?

Je ne parlerai point de la gloire des Sarmates, qu'on suppose avec raison être les ancêtres de la nation polonaise, et les premiers créateurs de sa puissance et de son illustration (1); ces titres an-

(1) Mon but n'étant que de signaler les droits de la nation polonaise, je n'entrerai dans aucune discussion sur son origine : ce n'est point ici son histoire présentée sous ses rapports divers, mais l'histoire de sa gloire morale, guerrière et politique; rien d'étranger à ces objets ne doit par conséquent entrer dans cet écrit : d'ailleurs, qu'importe que la nation tire son origine des Scythes, des Roxans ou Roxelans, des Esclavons ou des Sarmates, cela doit être indifférent : ces recherches sont nécessaires dans une histoire générale ; mais elles ne

ciens sont inutiles lorsqu'on a les plus brillans à mettre sous les yeux. La Pologne a assez de gloire prouvée, sans qu'elle ait besoin de s'étayer de celle de ces tems fabuleux et incertains. J'observerai à ceux qui aiment à voir la splendeur moderne d'un peuple dans les souvenirs de sa gloire antique, que les Polonais, à en juger par leur éclatante réputation dans les premiers tems de leur origine, formaient déjà la plus puissante des nations septentrionales : leurs conquêtes sur les états limitrophes, la grandeur de leur monarchie, qui s'étendait depuis le Tanaïs jusqu'à la Vistule, et depuis l'Euxin jusqu'à la Baltique, indiquent combien leur puissance et leur domination furent grandes. Il est prouvé qu'une partie de l'Allemagne, le centre de la Moscovie, et toutes les parties méridionales de la Russie moderne, reçurent les lois de ce peuple.

Quant à leur civilisation dans ces siècles reculés, elle ne peut être aussi facilement prouvée; néanmoins il est certain qu'ils brillèrent par la

---

sont d'aucune utilité, lorsqu'il s'agit d'offrir au lecteur le tableau des mœurs, des caractères, et sur-tout de la gloire d'un peuple.

pureté et la simplicité de leurs mœurs, vers les époques où leur puissance commença à prendre de l'étendue, et que leur politique relative au gouvernement de leurs princes, eut un certain éclat. On ne peut s'attendre qu'ils aient eu dans ces tems de grandes lumières, lorsqu'on envisage que les Français sous Charlemagne n'en possédaient aucune, et que ce grand roi ne put, malgré sa puissance sur son peuple, et malgré l'élévation de son génie, établir des lois régulières et un système d'instruction propre à métamorphoser sa nation, à cause des obstacles que l'ignorance générale de son peuple opposait à ses généreuses tentatives.

Je vais prouver dans le Précis historique ce que j'avance dans cette introduction.

# DÉFENSE
DE
# LA POLOGNE.

## PARTIE HISTORIQUE.

### CHAPITRE PREMIER.

PRÉCIS HISTORIQUE SUR LA GLOIRE DE LA POLOGNE ANCIENNE ET MODERNE.

Je ne parlerais point de ce qu'étaient les Polonais sous Lech leur premier prince, ni de ce qu'ils firent sous le gouvernement des Waivodes qui s'emparèrent du pouvoir, après avoir retiré les rênes du gouvernement des mains des successeurs de leur premier maître, et qui, ambitieux et tyrans à leur tour, voulurent faire succéder, dans toute sa force, l'autorité aristocratique à celle de la monarchie absolue, que Lech avait établi sous le titre de principauté ducale : je n'en parlerais pas, dis-je, si je n'avais à faire considérer que dans ce tems la nation n'était point dénuée des lumières politiques. Une conduite semblable à celle qu'elle tint dans ces circonstances, indique sans doute une appréciation étrangère à un peuple barbare. Ce dernier ne s'élève jamais contre ses souverains, pour les déposséder de leur puissance, et s'il le fait, ce n'est que pour se donner un nouveau maître investi du même pouvoir : mais il ne calcule point les avantages d'un autre gouvernement, comme cela eut lieu dans ce cas. L'élévation de Cracus, qui obtint le trône de la nation, et qui méritait par ses brillantes qualités, ainsi que par sa modestie, de gouverner le peuple le plus éclairé, montre encore combien l'appréciation du peuple était grande; et sans doute ce trait seul réfute l'idée de barbarie qu'on lui a prêtée. Si cet exemple ne prouve pas d'une manière absolue sa magnanimité et son esprit de justice, il signale incontestablement un système politique profond. C'est ainsi que l'on doit nommer les savantes combinaisons sur l'effet des passions de la multitude, les calculs sur la nécessité d'assujétir le peuple sans lui ôter sa vigueur guerrière, et sur celle d'anéantir l'esprit de domination dans les grands de l'état, et de prévenir ainsi les troubles et les discordes civiles.

Le couronnement de Cracus, et ensuite l'expulsion du trône de son fils, lorsque l'ambition l'eut fait souiller du sang de son frère, attestent, à leur tour, un esprit d'équité et un sentiment d'humanité dans les Polonais, que l'on peut regarder comme glorieux à cette époque, puisqu'ils ne dépossédèrent Lech II qu'à cause de ce meurtre.

Le règne de Cracus contribua à la gloire militâire et à la civilisation des Polonais ; il leur donna des réglemens sages, les fit respecter au dehors ; il réprima leur licence, et l'amour qu'ils lui portèrent, montra que la nation était propre à la plus belle régénération.

La famille de Cracus étant éteinte dans Venda sa fille, par le sacrifice volontaire que celle-ci fit de sa vie (1), le gouvernement des Waivodes reparut.

---

(1) Cet évènement unique dans l'histoire eut lieu à l'occasion de la victoire que cette princesse, qui avait toutes les qualités d'un héros, et qu'on surnomme justement *la généreuse*, remporta sur Ritiger, prince allemand, qui avait envahi son pays, pour la forcer à lui donner sa main et son trône. Son amour pour son peuple, qu'elle craignit d'exposer à être gouverné par un tyran, fut la cause de sa résistance au vœu du prince étranger. Ce motif qui contribua à la gloire de cette princesse, ainsi qu'à celle du siècle qui la vit régner, honora le peuple polonais dont elle appréciait l'amour.

Les historiens ont regardé comme inconstance de la nation, le rétablissement de cette espèce de gouvernement qui avait occasionné les plus grands désastres ; mais l'on n'a pas observé que ce peuple, en cherchant à connaître le meilleur gouvernement par ces épreuves diverses, annonçait autant de prévoyance pour l'avenir, que son inconstance naturelle. Des exemples semblables ne se sont-ils point montrés même chez les peuples entièrement civilisés ? Il est nécessaire de faire remarquer que la nation polonaise est la seule qui n'ait choisi que des hommes vertueux pour la gouverner, lorsque ses dynasties ont été éteintes par la mort de ses princes. Les nominations de Cracus, de Przemislas, et ensuite de Leszko et Piast, ont prouvé ce que je viens d'avancer.

La race de Leszko II, que la générosité et la volonté du peuple avait porté au trône, en le tirant de la classe la plus obscure, et qui régna avec grandeur et sagesse, ainsi que son fils, étant

---

Quant à sa mort, que les historiens ont regardée comme un acte de folie, en n'envisageant point quelle est l'influence de la superstition sur les esprits, elle peut être assimilée à celle de Décius et des autres personnages célèbres, qui ont cru sauver leur patrie par un semblable dévouement.

anéantie par la mort des deux tyrans Popiel, la nation eut l'occasion d'exercer encore sa prévoyance et sa politique, en résistant au vœu des palatins qui avaient voulu rétablir le gouvernement de plusieurs. Elle prévit alors les secousses que donnerait à l'état le choc de leur ambition; elle distingua les avantages du gouvernement d'un seul chef; plus sage que dans des tems postérieurs, elle préféra cette forme de gouvernement à toute autre, et donna la couronne à Piast qui était un citoyen ordinaire, ou plutôt un simple paysan.

Une preuve frappante des sentimens généreux de la nation à cette époque, et de son amour pour l'ordre et la justice, se trouve sous ce règne, qui nous démontre qu'il ne fallait à la Pologne que des princes sages pour qu'elle le fût elle-même. Le calme qui existait dans l'état, qui succéda aux confédérations et aux désordres, l'obéissance absolue de la nation aux volontés de son monarque, le respect qu'elle porta aux lois, la sagesse avec laquelle tous les sujets, et même ceux qui avaient sacrifié leurs jalousies à l'intérêt commun, imitèrent l'exemple du souverain, cette conduite, dis-je, éleva les Polonais à une hauteur de civilisation étrangère à ces siècles. Je dois faire remarquer combien la renommée est ingrate dans la dispensation de ses faveurs. Sans doute Piast, qui montra tant de vertus, et à qui l'histoire peut comparer peu de rois aussi propres à enfanter le bonheur d'un peuple; ce prince qui fit respecter ses sujets au dedans et au dehors, aurait mérité une illustration plus grande que celle qu'il a eue réellement. Lorsqu'on vante en Europe les Gustave, les Henri, les François Ier., les Charles-Quint, etc. etc., le nom de Piast y est à peine connu : ce prince n'occupe que quelques pages dans l'histoire de la Pologne; son règne aurait dû être exposé; sa conduite qui offrait un aussi bel exemple pour tous les souverains, aurait dû être présentée en détail, et on aurait dû l'assimiler hautement aux grands rois.

La gloire militaire de la Pologne s'accrut sous Zémowit, fils de Piast : ce prince introduisit la discipline dans les troupes; il apprit ainsi aux siens ce grand secret qui fait qu'elle décuple les forces d'un peuple, et il établit le sentiment de l'honneur comme la base du devoir du soldat; il devint la terreur de ses voisins, sans attenter à leurs droits; il ne souffrait point que son peuple usurpât rien sur eux; et ce dernier cédant à ce vœu, digne à la fois du souverain magnanime et du politique le plus éclairé, adopta cet heureux système..... Voilà un trait nouveau qui prouve encore que les

Polonais n'étaient point entièrement barbares à cette époque reculée, et qu'ils différaient en tout des Tartares auxquels tant d'écrivains les ont comparés.

Sous le règne de Miecislas, qui succéda au faible Ziemomislas, fils de Leszko, il s'opéra un grand changement dans la morale des Polonais: leur prince, à l'instigation de sa femme Dambrowska, fille du duc de Bohême, et emporté par son génie qui prévoyait peu de difficultés, conçut le hardi et utile projet d'anéantir le paganisme dans ses états, et de faire adopter la loi de l'évangile par ses peuples. Cette conduite de la part du duc pouvait avoir un autre but que celui d'une piété raisonnée, et ne doit pas être comparée à celle de Charlemagne qui, en embrassant le même dessein, parut désintéressé, au moins quant à lui-même. On peut penser avec vraisemblance de Miecislaw, que le désir d'obtenir la couronne royale auprès du pape, qui distribuait alors à son gré cette suprême faveur, le dirigea spécialement dans cette entreprise. Les vertus de ce prince n'étaient point assez prouvées et assez éclatantes, pour qu'on puisse croire qu'il adoptât, par le seul intérêt du bonheur moral de ses sujets, cette doctrine favorable; mais si les vues du prince présentèrent des causes incertaines, et furent par-là même peu glorieuses, celles du peuple qui se soumit à cette loi, et que sa propre appréciation dirigea en ce cas, sont sans doute très-honorables pour lui; il donna l'exemple, que les peuples policés même ont refusé constamment d'offrir, celui de renoncer à leurs dieux, pour embrasser un culte plus sage; et ce grand changement qui, chez les Francs, avait occasionné tant de désastres lorsque Charlemagne voulut l'opérer, se fit sans commotion. On regardera comme plus glorieuse encore cette conduite de la nation polonaise, si l'on observe qu'elle ne plaçait point Miecislas parmi ses grands rois, et que ce ne pouvait être, d'après cela, l'influence suprême que ces derniers ont sur l'esprit de leurs peuples à qui ils font adopter facilement leurs idées et leurs vœux, qui déterminait leur obéissance en cette occasion. On ne peut croire que la crainte décidât le peuple, lorsqu'on envisage qu'il était habitué à braver les volontés de ses ducs, et à les déposséder même, quand, usurpant la tyrannie, ils voulaient maîtriser les siennes. Il faut cependant remarquer que l'exemple de la reine Dambrowska contribua beaucoup à jeter la persuasion dans l'esprit de ses sujets; ses vertus douces et véritablement évangéliques les entraînaient, et leur firent admirer et chérir le culte qu'ils vouaient auparavant à l'exécration... Quelle réflexion importante fait naître l'examen de cet évènement ! il montre quelle est l'influence de la vertu chez les princes ; il prouve qu'ils peuvent tout entreprendre, et qu'ils peuvent réussir en tout auprès de leurs peuples, lorsqu'ils sont dirigés par ce mobile.....

Sous Boleslas Ier. qui était fils de Miescislas, qui reçut le premier le titre de roi, de l'empereur Othon III, admirateur de ses grandes vertus guerrières et politiques, la nation polonaise se montra encore grande par son obéissance au vœu de son prince ; elle fut invariable dans son amour pour lui, et elle le seconda de tous ses efforts dans les vastes entreprises qui assurèrent la gloire de ce règne, et qui, aux yeux de l'Europe dont la plus grande partie fut conquise par eux, égalèrent le nom polonais à celui des Français sous Charlemagne, des Espagnols sous Charles-Quint, et des Suédois sous Gustave-Adolphe. Comme le règne de Boleslas est un des plus grands qui aient honoré la Pologne, et l'un de ses plus beaux titres de gloire auprès des nations, j'en présenterai les principaux traits ; il sera alors aisé au lecteur de faire la comparaison de l'état de puissance et de civilisation de la Pologne, avec celui des autres monarchies qui brillèrent à cette époque ; il n'en trouvera aucune qui ait éclipsé celle-ci, tant sous le rapport de sa grandeur militaire et politique, que sous celui de la sagesse et de l'harmonie de son administration intérieure. Boleslas, législateur comme Charlemagne, et employant la politique la plus sage, réforma les usages et les préjugés des Polonais ; il leur suggéra d'autres idées et d'autres sentimens, adoucit leurs mœurs, et donna par-là un appui réel aux lois ; il ne négligea rien de ce qui pouvait transformer leurs vertus encore sauvages, en cette vertu plus douce et plus magnanime qui se trouve chez les peuples entièrement policés ; il chercha aussi à remplacer le courage farouche de ses guerriers, par cette valeur qui respecte l'humanité au sein même de la victoire, et qui fait seul que le soldat ne sort point de la classe de l'homme civilisé : c'est à ce monarque que la Pologne doit l'affermissement de sa régénération religieuse : il acheva ainsi l'œuvre que son père avait commencée. Si je dépeignais la gloire guerrière de ce prince, je le montrerais subjuguant deux fois la Russie, la Bohême, la Moscovie et la Poméranie ; domptant la Prusse et la Saxe, malgré les efforts de l'empereur Henri II, et portant ses drapeaux vainqueurs jusqu'à la Chersonèse Cimbrique et jusqu'à l'Elbe.... Sans doute on pensera que les historiens auraient dû respecter davantage la gloire de ce prince, en considérant que pendant les siècles de l'ère moderne, dans le nombre des princes qui existèrent avant lui, ou de ceux qui furent ses contemporains, aucun monarque, excepté Charlemagne, n'a montré une telle vigueur guerrière et une telle suprématie politique. La nation avait à son tour droit à l'éloge, puisqu'il n'exista point de sacrifice qu'elle ne fît pour seconder la magnanimité de son prince. Qu'on observe que cette nation, qu'on a peint comme légère à l'excès dans ses vœux politiques, et constamment remuante, fit une abnégation totale de ses droits et de sa volonté, et que Boleslas la trouva toujours respectueuse et soumise, comme je l'ai observé plus haut, soit qu'il cherchât à étendre la gloire guerrière de la Pologne, et à abaisser ses ennemis, soit qu'il l'appelât à participer à l'établissement de l'ordre et de l'harmonie intérieure.

La Pologne vit éclipser un moment sa gloire pendant le règne de Miescislas II, qui était fils et successeur du grand Boleslas, et qui, mou, efféminé, mauvais guerrier et encore plus mauvais politique, se montra entièrement différent de son père. La régence de la reine Ricka, qui immolait tout à son ambition particulière et à ses caprices,

3

et ne ménageait aucunement son peuple qu'elle sacrifiait aux Allemands, anéantit l'harmonie de l'état, et fut la source de l'insubordination générale et d'une révolte contre les descendans de Boleslas ; les Polonais dépossédèrent Cazimir, qui, comme fils de Miescislas, était le légitime héritier du trône, et parurent oublier leur gloire récente et leurs premières vertus, en se livrant à une anarchie complète qui détruisit en un instant tous les élémens de la prospérité du royaume, et faillit anéantir à jamais la Pologne ; deux invasions étrangères, celle de Pradislas, duc de Bohême, et celle d'Ioroslaw, duc de Kiovie, se réunissant en ce moment pour consommer sa ruine. Les agitations et les crises qui l'avaient bouleversée, lorsqu'il avait été question d'établir le gouvernement des Waivodes, reparurent, et les intrigues durent être les mêmes, puisque la situation était la même.

Les historiens auraient dû faire remarquer, pour l'honneur de la nation, qu'elle ne renonça point à son ancienne conduite qui tendait toujours à rétablir la paix dans l'état en appelant un prince vertueux sur son trône, à détruire les maux occasionnés par l'impéritie ou la tyrannie de ses princes, et à expier ses propres erreurs en se rangeant presqu'aussi-tôt sous la ligne du devoir et de l'ordre dont elle était sortie. Il est important d'observer à ceux qui s'étonneront en rapprochant cette conduite des anciens Polonais avec celle du même peuple, à la fin du règne de Sobieski ou même dans les règnes précédens, que tant que la nation fut maîtresse de sa volonté, elle se montra également sage et également prête à réparer ses torts; mais que du moment où l'étranger s'empara de sa politique et lui eut ôté ses moyens de force et d'indépendance, elle ne put se montrer de même, et que sa politique et ses actions dûrent prendre la direction qui convenait à ses dominateurs. J'exposerai ces motifs en détail, lorsque j'arriverai à l'époque où le peuple polonais perdit le droit d'exercer sa volonté.

Cazimir, qui annonçait des vertus, fut arraché, d'après l'invitation des Polonais et par l'autorité pontificale, du cloître où il s'était retiré, et il reçut la couronne à Gnesne par le consentement unanime de la nation.

Ce prince, digne de marcher sur les traces de son aïeul, par ses vertus politiques, adopta le système d'administration intérieure de Boleslas; il vit voler la nation au-devant de ses vœux, lorsqu'il manifesta le désir de rétablir l'empire des lois et des mœurs, et de donner un nouvel appui à la religion. La gloire militaire de la Pologne reprit en partie l'éclat qu'elle venait de perdre, et la politique de Cazimir, plus grande et même plus agissante que celle de Boleslas, maîtrisa la haine et l'esprit de vengeance de Jéroslaw, le plus terrible et le plus implacable ennemi de son peuple. Peut-être Cazimir opéra-t-il une métamorphose plus grande et plus difficile dans l'esprit et les sentimens de son peuple, que celle qu'on vit s'opérer sous Boleslas, en faisant renaître en lui l'amour de la sagesse et de la vertu, et lui rendant une paix précieuse : ici se trouvait la difficulté, lorsqu'il s'agissait d'une nation qui semblait née uniquement pour les armées, et dont le caractère et l'honneur paraissaient devoir l'entraîner sans cesse vers les combats et la destiner à l'état de conquérant..... Tel fut l'espèce de prodige qu'enfanta Cazimir. Il est impossible de ne pas reconnaître, en envisageant l'authenticité de ce trait, qu'un peuple qui peut renoncer à son penchant suprême pour obéir à la voix de son prince, est un peuple destiné à la véritable gloire.

Le règne de Boleslas II s'annonça à son tour avec gloire, et il aurait marqué avec éclat dans les fastes polonais, si Boleslas, fait pour être un conquérant, et dont la carrière militaire fut constamment glorieuse, eût hérité des vertus politiques de son père : mais ce prince replongea la

Pologne dans ses premiers malheurs, et la cause de sa situation désastreuse fut la même que par le passé, c'est-à-dire, la conduite de son roi.

On trouve dans ce règne un évènement qui signala d'une manière frappante l'estime que les peuples et les souverains portaient aux Polonais : c'est la demande que firent Béla, prince de Hongrie, Javonier, prince de Bohême, et Isaslaw, prince de Russie, auprès de Boleslas, auquel ils demandèrent en même tems un asyle dans ses états. Sans doute si ces princes n'eussent été confians dans la justice d'une nation qui devait regarder les royaumes à la souveraineté desquels ils prétendaient comme ennemis, ils ne se seraient pas exposés à se faire retenir comme ôtages, et à être livrés à ceux qui, gouvernant dans leur patrie, devaient naturellement les réclamer auprès du monarque polonais.

Un évènement d'une autre nature, mais moins favorable, et qui pouvait devenir très-funeste à ces époques où la croyance religieuse et le fanatisme asservissaient les peuples et les rois au joug de Rome, abaissa la gloire de la nation, et prépara les plus grands échecs à sa puissance.

Ce fut l'interdiction prononcée par le pape Grégoire VII contre Boleslas, après le meurtre de S. Stanislas, commis par la main même de ce prince, et la dépossession de ce dernier du rang des rois. La nation, frappée par cet anathême, perdit son espérance et son ressort; et jusqu'à Cazimir-le-Juste et Cazimir III, dont l'un releva les vertus de son peuple, et l'autre chercha à fixer ses droits politiques et à créer un gouvernement stable et régulier, elle ne montra qne quelques élans guerriers sous Vladislas Sterman, et sur-tout sous le troisième Boleslas. Cette influence guerrière se maintint à un certain point sous les règnes de Leszko-le-Blanc et Leszko-le-Noir, et même sous celui de Boleslas IV et de Miescislas III; mais la Pologne ne montra sous ces derniers rois que l'image effrayante des intrigues, de l'anarchie intérieure, et sa considération au-dehors fut entièrement affaiblie..... Je crois essentiel de faire remarquer une singularité frappante qui s'offre dans l'histoire polonaise, ou plutôt un trait brillant de la conduite de la nation, qu'aucun historien n'a fait remarquer, et qui peut cependant servir à faire distinguer les véritables sentimens de cette dernière, et indiquer combien elle était encline à ménager ses souverains : ce trait se trouve dans la magnanimité qu'elle montra envers nombre de ses rois, notamment envers Boleslas III et Miescislas III; elle se contenta de déposséder ses princes du trône, après avoir rappelé plusieurs fois le dernier : cependant Miescislas avait excité tous les troubles dans l'état par ses intrigues et ses perfidies; et Boleslas, en devenant le meurtrier de l'archevêque de Cracovie que le peuple entier vénérait, semblait avoir dû porter à cet excès une nation dont les idées religieuses très-exaltées semblaient devoir l'entraîner au fanatisme. Des traits semblables caractérisent entièrement les nations, et peuvent presque seuls suffire à leur gloire : puisque j'ai signalé plus haut cette conduite de la nation, comment ne pas reconnaître en elle les plus nobles sentimens ?

J'ai dit que Cazimir avait rétabli la vertu de la nation polonaise; il dut, en effet, opérer cette transformation dans les sentimens d'un peuple, sur qui on a vu que l'exemple de ses rois était si puissant. Marchant sur les traces de Cazimir-le-Grand, il obtint le surnom de Juste, auquel on aurait pu ajouter celui de Magnanime; il mérita peut-être, plus qu'aucun prince de l'univers, cette glorieuse dénomination.

Une lueur d'espérance s'offrit à la Pologne, sous son règne. Il prépara sa régénération et l'établissement d'un bon gouvernement, qui est toujours fondé sur l'équité et sur l'intérêt de tous. Le peuple se vit soulagé dans sa misère; il ne redouta point de heurter l'opinion d'une noblesse impérieuse et avide d'exercer ses droits sur les paysans, il ordonna un concile où les droits communs devaient être déterminés, et les vexations détruites..... Quel plus beau moment de gloire que cette glorieuse et périlleuse résolution! Combien la Pologne doit s'honorer d'avoir produit ce prince, digne émule, sous ce rapport, des Marc-Auréle et des Charlemagne. L'équité, qui lui était naturelle, s'étendit sur ses relations avec l'étranger. Je dois ajouter que Cazimir fit respecter la Pologne par son courage, et que peut-être on pourrait l'élever au-dessus de plusieurs princes qui ne brillèrent que par la gloire de leurs armes, puisqu'il réunissait la prudence à la valeur. L'amour que lui portait le peuple et la noblesse fut si grand que malgré le danger de placer son fils aîné sur le trône, à cause de son bas âge, danger dont l'existence était vraisemblable dans la situation où se trouvait la Pologne, puisque les troubles pouvaient renaître pendant une minorité dans laquelle toutes les passions trouvent toujours leur aliment; il fut néanmoins unanimement élu sous le nom de Lech-le-Blanc.

A ce règne, qui fut presque sans gloire, succédèrent ceux de Lech-le-Noir, de Henri-le-Bon, et de Prémislas II, que des intrigues de la part des voisinsde la Pologne, l'appui des grands vassaux, ou d'autres faibles motifs, avaient placés sur le trône; car la nation entière ne prit point part à leur élévation. Elle semblait n'être réservée à agir que lorsqu'il s'agissait de celle des grands rois. Ce qu'il est nécessaire d'observer, c'est que dans l'élection de Prémislas III, elle justifia encore son choix; mais elle ne put jouir de la gloire qu'elle s'était préparée, à cause de l'assassinat de ce prince, qui annonçait devoir égaler les Cazimir et Boleslas-le-Grand, par ses vertus politiques et militaires.

Je suis le règne de tous les rois qu'a eus la Pologne (1), en nommant seulement ceux qui ne méritèrent pas de fixer les regards de la postérité, et qui, par l'exemple de leur conduite, ne peuvent intéresser les lecteurs. J'ai dû cependant en parler, pour faire remarquer l'invariable constance de la nation à élire les hommes sages. Cette preuve historique répétée sans cesse, étaie puissamment ce que j'ai avancé sur la gloire permanente du peuple polonais.

---

(1) Je regarde toujours comme rois, les princes qui la gouvernèrent, malgré que ce titre eût été ravi aux successeurs de Boleslas II..... Ils le reprirent sous Prémislas III, la cour de Rome ayant perdu la plus grande partie de l'influence inconcevable qu'elle avait eue sur les esprits des peuples, et sur les destins des états.

L'expulsion du trône de Vladislas III, et la nomination de Venceslas de Bohême, qui possédait les duchés de Cracovie et de Sandomir, relevèrent l'espoir de la nation; enfin, la réélection de Ladislas, lorsque instruit par le malheur, la nation le jugea digne de la gouverner, justifia sa modération et son discernement; car ce prince, qui possédait toutes les qualités d'un grand capitaine, lui acquit beaucoup de gloire, en s'étendant surtout au dehors. Ce fut à lui que les chevaliers teutoniques de Prusse durent leur humiliation et leur premier abaissement. Il assura de ce côté, la tranquillité de ses états, que ces chevaliers religieux, entraînés par une ambition désordonnée, depuis qu'ils étaient devenus souverains, tendaient sans cesse à troubler.

La nation vit avec orgueil monter le fils de Ladislas sur son trône, parce qu'elle découvrait en Cazimir les qualités primitives qui se trouvent dans les grands rois. La Pologne vit non-seulement rétablir par lui son ancienne gloire; mais elle obtint une illustration plus grande, celle qui naît pour un peuple, lorsqu'il se gouverne par un code de lois, fondé sur la justice et la politique. Elle n'avait pas possédé entièrement ce précieux avantage sous ses premiers monarques, et c'est seulement sous le règne de Cazimir qu'elle pouvait dire : Je suis civilisée et véritablement grande.

Le prince, en obéissant le premier aux lois, força ses peuples à les observer religieusement eux-mêmes; et ces derniers signalèrent combien son gouvernement leur était agréable par l'amour extrême qu'ils montrèrent pour leurs rois, et par leur zèle à adopter tous ses desseins et toutes ses vues. Ce fut sous son règne que les lettres prirent leur premier éclat en Pologne. Cazimir III fonda une université à Cracovie, et dès-lors la Pologne posséda tous les moyens qui peuvent fixer la gloire d'une nation. Sa grandeur militaire ne fut point affaiblie pendant l'administration de Cazimir; ce prince aurait pu être sous ce rapport aussi grand que Boleslas I^er^. lui-même. La rapidité avec laquelle il conquit une partie de la Russie, malgré la résistance qu'il éprouva, indiquait ce qu'il aurait pu faire pour agrandir ses états.

Le règne de Louis de Hongrie, neveu de Cazimir, qui avait été reconnu par ce grand prince pour son héritier, n'offrit rien pour la gloire de la Pologne, parce que Louis ne voulut point renoncer à son royaume de Hongrie. Il fit nommer à sa place son gendre Sigismond, marquis de Brandebourg.

La nation signala de nouveau sa sagesse et sa prudence politique, qui s'étaient accrues sous Cazimir, lorsqu'après la mort de Louis elle déposséda l'altier Sigismond, et chercha à faire épouser Elvige, fille de Louis, qu'elle adopta pour sa reine, à Jagellon, duc de Lithuanie, qui la demanda en mariage, , afin de s'assurer ainsi du trône polonais. Tout portait à ménager la proposition faite par ce prince, à cause de sa vigueur guerrière et du voisinage de ses états, d'où il pouvait sans cesse envahir la Pologne, ou la désoler par les courses de ses armées.

Ce coup adroit de politique du peuple polonais, assura sa destinée et agrandit sa puissance par une voie légitime, puisque ce mariage réunit le vaste duché de Lithuanie à la Pologne.

La gloire militaire de la nation fut soutenue par Jagellon, qui prit le nom de Ladislas IV dans les guerres qui occupèrent tout son règne, contre les Russes et les chevaliers teutoniques. Quant à sa gloire intérieure, il suffit de dire qu'il gouverna le royaume d'après les lois de Cazimir-le-Grand.

Son fils Ladislas V soutint l'honneur de la nation, dans la guerre contre Amurath, empereur des Turcs, par les victoires qu'il remporta sur eux pendant la courte durée de son règne (1).

---

(1) Il fut tué à la bataille de Varne, en voulant empêcher la défaite de son armée, qu'il avait conduit encore contre les Turcs.

La Pologne, sous Cazimir IV, sous Jean Albert et sous Alexandre, qui succédèrent à Ladislas V, remporta quelques victoires sur les Turcs et les Valasques, et elle jouit d'une paix intérieure assez grande; mais elle déchut de la grandeur où elle s'était élevée sous le dernier Cazimir. Cette grandeur fut relevée par Sigismond Ier.

Ce prince envisagea non seulement la gloire militaire; mais en se montrant sous le véritable aspect d'un grand roi, il sut encore apprécier les avantages de la paix. Après avoir conquis la Prusse sur les chevaliers teutoniques, après avoir subjugué la Moscovie, défait entièrement les Valasques, et avoir enfin humilié et abaissé tous les ennemis de la Pologne, il lui donna une longue paix, pendant laquelle il créa de nouveaux appuis pour l'état, en établissant des lois qui réprimaient les abus introduits dans l'administration. La prospérité de la Pologne fut au comble sous Sigismond; la nation seconda encore ce grand monarque. Elle respecta ses réglemens, maintint l'ordre dans l'intérieur par son obéissance; et après sa mort, son successeur, Sigismond-Auguste, recueillit le fruit de l'admiration que le peuple portait à son père, et de la sagesse qui animait la Pologne elle-même, lorsqu'elle adopta avec enthousiasme la loi d'hérédité qui appelait ce prince au trône.

Les Sigismonds semblaient être pour la Pologne ce que furent les Cazimirs, c'est-à-dire, les bienfaiteurs de ce pays. Sigismond II mérita bientôt le titre d'Auguste; il employa tous les moyens propres à assurer la prospérité intérieure, et à entourer son peuple de splendeur. C'est sous ce règne que la nation polonaise se montra la plus grande de l'Europe, lorsque résistant à l'exemple terrible et funeste que donnèrent presque tous les peuples européens, en répandant des torrens de sang à la voix du fanatisme religieux, elle se montra paisible et tolérante envers tous les cultes. Soumise aux lois de Rome, elle maintint ses lois avec courage; mais elle refusa d'obéir à ses décrets, lorsqu'ils proclamèrent la révolte et eurent la guerre intestine pour objet : elle respecta le sang de ses frères qui suivaient une croyance différente; et le prince fut l'imitateur de cette conduite, aussi politique que philosophique, qui aurait donné à son règne l'éclat le plus imposant, si les historiens se fussent attachés à exalter de si beaux traits, et à en montrer les avantages.

Les mesures que prit le souverain pacifique de la Pologne, relatives au maintien de la paix, ne nuisirent point à son influence militaire. Sigismond sut aussi combattre et vaincre ses ennemis. Après diverses victoires sur les Russes, que l'ambition et la jalousie envers leurs voisins poussèrent aux combats, il les força à la paix ; et l'honneur guerrier de la nation ne porta point le monarque à violer ce systême de pacification qu'il avait adopté. Ici se trouve une observation importante à faire, et qui est une réfutation de l'idée émise par la majorité des écrivains, *que la nation polonaise n'était propre qu'aux combats*, *et que son humeur guerrière devait toujours l'y entraîner inconsidérément.* Le contraire a été démontré par sa conduite paisible sous le second et troisième Cazimir, et notamment sous Sigismond Auguste. Aucun fait n'atteste qu'elle ait cherché à faire sortir ces princes de ce systême favorable. Cette explication est d'autant plus nécessaire, que la supposition de l'existence de cette humeur turbulente, que rien ne peut dompter, annonce qu'un peuple n'est propre à aucune autre espèce de gloire.

L'histoire de ma nation dont je mets les principaux traits sous les yeux du lecteur, suffirait seule pour démontrer que les écrivains qui ont prononcé si ouvertement sur son caractère, se sont abusés ; cependant je n'ai pas cru devoir passer sous silence cette observation, qui indique que les Polonais ont les penchans généreux de tous les peuples. S'ils ont brillé et brillent encore dans les armées, ils le doivent à la force de leur caractère et à une magnanimité qui leur étant propre, leur fait braver la mort de sang-froid, lorsque la patrie ou l'honneur leur commande, et non à une humeur qu'on pourrait nommer bizarre si elle les précipitait dans les combats, sans qu'ils eussent un motif déterminé et un intérêt puissant pour faire ainsi le sacrifice de leur tranquillité et de leur vie.

La maison de Jagellon étant éteinte dans Sigismond-Auguste qui mourut sans enfans, Henri de Valois, connu sous le nom de *duc d'Anjou*, fut appelé au trône de Pologne. Les détracteurs de ce pays ont regardé son élection comme une preuve de l'anarchie qui régnait dans l'état, et de l'avilissement de la nation, tandis qu'en exposant le motif incontestable qui avait fait nommer Henri, on justifie la nation, et on fait l'éloge de sa prévoyance et de sa politique même. Quel fut ce motif? le choix d'un prince qui avait conquis l'estime de l'Europe entière, qui passait pour le premier capitaine du siècle, qui était doué du caractère le plus généreux, qui annonçait enfin avoir les vertus d'un héros et celles d'un grand roi, auxquelles se trouvaient encore réunies les qualités particulières propres à faire un bon citoyen. La politique de la nation triomphait dans cette circonstance, puisqu'en formant avec la France une alliance de famille, elle cimentait celle qui existait déjà entre les deux peuples. Il semblait que l'appel du duc d'Anjou au trône par les Polonais, reposait sur un pressentiment de l'avenir. En effet, si l'alliance de famille eût été maintenue entre les souverains des deux peuples, et si Henri ne l'eût point anéantie en quittant inopinément le trône du nord, les destins de la Pologne n'auraient pas reçu en ces derniers tems la même atteinte; la France se serait attachée d'une manière plus immédiate aux Polonais, et se serait, d'après cela, opposée aux entreprises usurpatrices de la Russie.

Des écrivains ont prétendu que Henri ne quitta le trône polonais que parce qu'il *avait entrevu la difficulté de s'y maintenir, et parce qu'il mésestimait son peuple*. Cette raison aurait pu avoir une ombre de vraisemblance, si Henri eût abdiqué et quitté son royaume sans avoir un motif puissant d'intérêt qui l'y décidât : ce motif existait, et il se trouvait dans son droit à la succession de la couronne de France, que la mort de Charles IX son frère lui avait laissée. Henri sacrifiait donc un faible intérêt à un intérêt beaucoup plus grand. Quelle que fût la puissance et la splendeur du royaume polonais, elle ne pouvait éclipser, aux yeux de ce prince, celle de la France qui d'ailleurs était sa patrie, et dont il avait entièrement les inclinations et les mœurs.

Henri fut rappelé par la nation qu'il avait délaissée, et l'on vit celle-ci, portant la générosité à l'excès à l'égard de ce prince, refuser de nommer un roi jusqu'à ce qu'elle fût entièrement convaincue que Henri refusait de la gouverner. Ainsi plus nous avançons dans l'histoire, plus nous découvrons l'absurdité ou la mauvaise foi des écrivains.

A Henri succéda Etienne Battori, prince de Transilvanie : l'élection de ce prince fait encore honneur à la justice et à la politique de la nation : je dis à la justice : elle triompha en effet lorsqu'elle déféra la couronne à une Jagellon, fille de Sigismond-le-Grand, à condition qu'elle épouserait Battori. Quant à sa politique, la Pologne ne prit jamais une mesure plus sage qu'en écartant l'empereur Maximilien II de son trône, auquel il aspirait ardemment, soit pour lui-même, soit pour l'archiduc Ernest son fils, puisque, par ce refus de passer sous la domination autrichienne, elle sauvait son pouvoir et son indépendance en tant que nation. Le choix de Battori justifiait en outre son appréciation et sa prévoyance, puisqu'il était reconnu que le prince transilvain possédait toutes les qualités qui peuvent illustrer un monarque, et contribuer au bonheur d'un peuple.

Ce prince se montra tel qu'on l'avait cru; il soutint avec éclat la gloire militaire de la Pologne; il fit trembler le Moscovite et le déposséda de ses usurpations, notamment de la Livonie dont ce dernier s'était emparé; il conquit la paix qu'il sut faire respecter; et marchant sur les traces des grands rois ses prédécesseurs, il donna des lois et des réglemens très-utiles, sur-tout pour la partie militaire : la discipline qu'il établit dans la cavalerie polonaise, les sacrifices personnels qu'il fit pour soutenir la milice quartienne dont les levées avaient pour objet la défense des frontières du côté des Russes et des Tartares, et l'administration qu'il établit chez les Cosaques, qu'en politique habile, il jugea pouvoir être très-utile pour former une barrière qui couvrît la partie orientale de l'état, ont fait le plus grand honneur à ce roi. Qu'on observe de nouveau qu'aucun soulèvement, qu'aucun esprit de révolte ne se montra sous son règne, et que la nation le seconda en tout. Quel peut encore être le motif de cette conduite de la part du peuple, sinon celui de son prince qui justifiait son espérance, et agissait d'après ses propres vues ?

Le règne de Sigismond III présente un tableau

continuel de guerres et de dangers pour la Pologne ; mais grâces aux talens des généreux Zamoyki (1) et Chodkiewicz (2), les Suédois, les

(1) On peut considérer Zamoyski comme l'un des plus grands-hommes qu'ait possédés l'Europe, et comme le Polonais qui acquit la plus juste célébrité ; il réunissait aux talens politiques et militaires, ceux qui ont rapport aux sciences et à la littérature, puisqu'il composa plusieurs ouvrages estimés ; il fut l'ardent protecteur des lettres : mais ce qui ajoute encore à sa gloire, c'est cette philosophis humaine et cette bienfaisance politique qui le rendit dans son pays le promoteur et l'appui de la tolérance religieuse : il servit ainsi dans toutes les parties et dans toutes les situations les plus critiques de l'état.

(2) En parlant de ce dernier qui fut l'appui de son pays par son courage, et le bienfaiteur de sa patrie par la paix qu'il lui fit faire glorieusement avec les Turcs, on ne doit pas oublier son beau-frère Christophe de Despots, zeno de Zenowicz, palatin de Brzesc-Litewski, etc. etc., qui ayant appris que Chodkiewicz était entouré sous Choczim par les troupes du sultan Osman, vint le délivrer avec les guerriers à sa solde, en prouvant dans cette circonstance ce que peuvent l'amitié, la valeur et l'enthousiasme pour la patrie ; il mourut des blessures reçues dans ces occasions, après avoir parcouru la plus belle carrière de gloire ; car ce fut lui qui, à la tête de ses propres guerriers, finit les campagnes d'Inflante qu'il soumit entièrement à la

Moscovites, les Turcs et les Tartares qui attaquèrent la Pologne, et que Sigismond attaqua lui-même, ne portèrent point atteinte à la gloire guerrière de la nation. Sigismond, qui avait été élu au désavantage de l'archiduc Maximilien, par l'une des factions qui s'étaient formées à la mort de Battori, dont Zamoyski et Zborowiczki étaient les chefs, voulut réunir ce trône à celui de Suède qu'il possédait déjà : il ne se montra pas plus indigne de celui des Polonais, que les Jagellons dont il était issu, et il obtint l'amour de la nation qui voyait en lui un descendant des rois qui l'avaient illustrée. Le même écrivain que j'ai réfuté au sujet de Henri de Valois, et dont je

---

Pologne : il gagna la bataille de *Wielki-Luki*, et fut le négociateur de son pays auprès de la maison d'Autriche, lorsque Maximilien fut fait prisonnier à Buczyn.

Que le lecteur me pardonne si je me permets de dire quelques mots en faveur de mes ancêtres; ce ne sont point leurs droits qu'ils eurent comme princes du sang de l'empire grec à Constantinople, ni comme souverains de la Bosnie et de la Servie, que je veux ici proclamer, mais bien leur patriotisme et le zèle qu'ils mirent à défendre les intérêts de leur nouvelle patrie (la Pologne), dès que, dépossédés de leur souveraineté par les Turcs, ils vinrent s'établir en Lithuanie, après avoir servi long-tems avec honneur Vladislas, le roi de Bohème et de Hongrie.

n'aurai que trop à combattre les erreurs, dit que Sigismond eut pendant son long règne, qui fut de 45 ans, beaucoup à souffrir de l'insubordination de son peuple, et que ce fut cette insubordination, qui fut cause que son fils Vladislas fut dépossédé du trône de Russie où la victoire l'avait élevé. Aucun trait de l'histoire n'indique cette insubordination. Le règne entier de Sigismond, qui montre la nation sans cesse armée contre une multitude d'ennemis redoutables, prouve que les Polonais firent les plus grands sacrifices pour appuyer les desseins et les droits de leur monarque. Sigismond dut les peines qui l'accablèrent à son obstination à vouloir conserver deux trônes, et à son peu d'habileté pour enchaîner par les liens de la politique Charles de Sudermanie, son oncle. En outre, si le monarque polonais eût renoncé au dessein d'introduire la religion catholique dans ses états de Suède, il aurait ôté à son ennemi le prétexte qui servit à son affermissement, et qui fut cause de la perte que fit la Pologne de la Livonie, qui fut réunie par Charles aux provinces de la Suède.

La Pologne jouit d'un calme intérieur sous le règne de Vladislas VI, qui dura 16 ans, et pendant lequel l'harmonie exista entre les sentimens du monarque et ceux de la nation. Les vues de Vladislas furent entièrement tournées vers la guerre : ce qui ne pouvait être autrement, puisque les Turcs, les Tartares et les Moscovites avaient des ressentimens et des défaites à venger. Ce prince maintint l'honneur guerrier de la nation, et lui fit prendre même un éclat plus grand que sous Sigismond son père, puisqu'il réprima l'audace de ces puissances ennemies, puisqu'il fit trembler à son tour la Suède après la mort de Gustave-Adolphe, et qu'il la força de restituer à la Pologne les villes de la Prusse que le conquérant suédois avait soumises à sa couronne.

Voici un nouveau règne où la nation va signaler encore son attachement pour le sang de ses rois. L'élévation de Jean Cazimir qui fut élu malgré son état de jésuite, et malgré que la cour de Rome l'eût attaché directement à elle par la dignité de cardinal, et enfin malgré les menaces du czar de Moscovie et les intrigues de Ragotzki, prince de Transilvanie, offrit cet exemple. Les Polonais en donnèrent un second sous ce règne, en gardant la conduite qui leur était ordinaire envers leurs bons rois ; ils se soulevèrent en masse, et firent tous les sacrifices pour conserver l'héritage et le trône de leur prince.

Cet évènement glorieux eut lieu lorsque Charles-Gustave eut envahi la Pologne. Nos ancêtres montrèrent aussi dans cette circonstance, que leur indépendance leur était plus chère que la vie, puisqu'ils se rangèrent tous, comme je l'ai dit, sous la bannière de leur roi, et qu'ils combattirent le Suédois qui fut d'abord défait, mais qui ne fut pas entièrement vaincu. Charles avait pris trop de transcendance ; il était trop grand capitaine, et son armée qui était celle qui, sous le grand Gustave, avait fait trembler l'Europe, était trop formidable pour que les Polonais, affaiblis par les dernières et sanglantes guerres contre les Cosaques, la Suède et les Moscovites, pussent lutter toujours avantageusement contre lui. La timidité naturelle du roi de Pologne, et son peu de caractère, ravirent à la nation la palme qu'elle eût pu obtenir sous un plus grand prince, en triomphant seule de Charles-Gustave; mais il fallut, pour renverser ce colosse, la réunion des Danois et des Hollandais.

La Pologne triompha des Moscovites, sans aucun appui étranger. Enfin, il est aisé d'entrevoir qu'elle dut à son monarque, né pour le cloître plutôt que pour le trône, le décroissement de sa gloire guerrière, et que l'affaiblissement du courage et du dévouement de la nation n'en fut point la cause : ce qui prouve cette dernière assertion, c'est que cet affaiblissement guerrier ne fut que passager. L'on jugera de la vérité du rapprochement que j'ai fait en l'honneur du peuple polonais, si l'on examine le règne de Sobieski qu'il appela sur son trône, après la triste et courte administration de Michel Koribut qui obtint lui-même la couronne par un bienfait de la nation, lorsque le faible Cazimir, désespérant de s'y maintenir, en eut fait l'abdication.

Arrêtons-nous un instant au règne de Koribut qui fut célèbre, non par ce roi, mais par les Polonais, si l'on considère la conduite qu'ils tinrent dans les circonstances que présenta cette époque. Je dois aussi parler du motif de son élection, parce qu'il est honorable pour eux. La nation, toujours portée à placer sur son trône les descendans de ses anciens rois, et toujours constante dans ses vœux et ses sentimens, se conduisit, lorsqu'il fallut remplacer Jean-Cazimir II, de la même manière que lorsqu'il fallut l'élever. Écartant les nombreux prétendans étrangers, dans le nombre desquels était le fils du czar et deux autres princes plus illustres, le grand Condé et le prince Charles de Lorraine, elle nomma, après de longs débats, Michel Koribut, issu du sang des Jagellons.

Ce prince ne maintint point la gloire de la nation polonaise ; sa situation fut, il est vrai, très-critique dès l'instant qu'il eût accepté le trône qu'il avait d'abord refusé, sous prétexte de son impuissance à gouverner un état, parce qu'il eut à lutter contre le célèbre Sobieski qui était à la tête du parti qui s'était formé contre lui. Ce prince aurait pu être moins grand que Sobieski, incapable de lutter avec lui, et forcé de lui céder son influence, sans être pour cela un souverain indigne du trône; mais il ne possédait aucune des qualités qui conviennent au souverain : sa nullité se montra lors de l'attaque que fit Mahomet IV contre la Pologne; il ne sut point défendre son pays, et il abaissa la dignité de la nation en consentant, après la prise de Karmièniec, à payer au sultan un tribut annuel de 100,000 ducats.

C'est à l'occasion de ce traité honteux qu'on va reconnaître encore les sentimens élevés de la nation, et qu'on va remarquer son amour pour l'indépendance. Ce pacte souleva le peuple entier, et on le vit se ranger sous les étendards de Sobieski à qui il accorda toute sa confiance, parce qu'il s'était déclaré contre ce tribut, et qu'il voulait effacer à tout prix cette tache faite à l'honneur de son pays. Les effets de cet enthousiasme furent aussi prompts qu'importans. La bataille de Chockzim que gagna Sobieski, bataille dans laquelle 30,000 Turcs périrent, délivra la Pologne et rétablit la gloire nationale. Il est important de faire remarquer la singularité de la conduite des Polonais, lorsqu'après avoir adopté les idées et les desseins de Sobieski, ils ne ravirent pas la couronne à Koribut. On peut croire que la mort de ce roi devança cette action présumée du peuple. Cette conduite offre une présomption nouvelle en faveur de la justice et de la générosité de la nation.

L'élection de Sobieski fut la suite du brillant succès obtenu à Choczim. La nation, que nombre d'écrivains, comme je l'ai dit plusieurs fois, se sont plus à déclarer ingrate, couronna unanimement son hetman qui était devenu généralissime de ses armées, et se prépara ainsi la plus belle gloire. Ce règne fut brillant sous le rapport militaire : s'il n'égala pas celui de Boleslas-le-Conquérant quant à la multitude des grandes actions guerrières, il l'effaça par une seule à cause de son importance, puisqu'elle sauva l'Europe du joug ottoman : ce fut celle qui eut lieu devant Vienne, où Sobieski abaissa encore l'orgueil du croissant.

Des écrivains ont avancé que ce prince ne conserva point à la fin de son règne l'amour de sa nation qu'il s'était concilié auparavant; et l'on donne pour preuve le refus qu'elle fit de recevoir le prince Jacques son fils, pour son successeur, ainsi que la conspiration que formèrent Sapieha, Zadrzeiowski son parent, et Wielopolski, beau-frère de la reine; mais comment peut-on confondre quelques sujets puissans avec la nation entière, et même avec le corps de la noblesse? n'a-t-il pas toujours existé des sujets rebelles sous le règne des meilleurs princes de tous les pays, et peut-on pour cela jeter un blâme sur tout le peuple? Les Polonais ne prirent point part collectivement à ces intrigues: ils admirèrent, chérirent, et estimèrent toujours leur libérateur. S'ils n'accordèrent point la couronne de Sobieski au prince Jacques, qu'ils avaient appris à estimer militairement, celui-ci le dut aux intrigues de la reine sa mère, qui réservait la couronne à son second fils, et qui finit par la faire perdre à l'un et à l'autre. Peut-être pourrait-on faire ici un reproche aux Polonais; on ne les accusera point d'avoir méconnu les services de Sobieski, mais d'avoir cédé aux instigations de la reine en rejettant le prince Jacques. Ils auraient dû, ce me semble, rester insensibles à toute suggestion contre ce prince, d'autant plus qu'il avait montré des vertus guerrières, et qu'on n'avait découvert en lui aucun vice qui nécessitât son expulsion.

L'époque de la mort de Sobieski fut, je dois l'avouer, celle d'un décroissement de la gloire morale de la Pologne, et celle où l'étranger établit son influence dans ce pays d'une manière plus marquée. On verra cette influence s'accroître avec progression sous les derniers règnes de cette monarchie ; elle finira par rendre l'étranger l'arbitre suprême de la nation. Ce fut dans ce même tems que les sentimens patriotiques des nobles Polonais parurent s'affaiblir.

La révolte de Bogeslas, et les intrigues de Sapieha, qui auraient pu être nommées à leur tour conspiration, et ensuite la conduite inconsidérée et impolitique des divers partis qui se formèrent pour diriger l'élection, font voir avec douleur que les Polonais changeaient de mœurs et de sentimens. La vénalité que montra la noblesse lorsque l'électeur de Saxe balança par l'influence de l'or, bien plus que par l'apparition de son armée sur les terres de la république, le parti de la France qui portait le prince de Conti au trône ; cette vénalité, dis-je, jette un blâme éternel, non sur la nation, puisque la majorité n'avait aucune part aux bienfaits du prétendant, mais sur les nobles qui purent ainsi sacrifier les intérêts de l'état à un motif sordide d'avarice. Cette noblesse ne tardera pas à reprendre ses premiers sentimens. L'on ne peut taire cependant son erreur dans ces circonstances, puisqu'elle nuisit à l'estime que la nation avait acquise dans l'esprit des autres peuples de l'Europe.

L'élection du prince de Conti, qui fut pourtant préféré à l'électeur de Saxe, aux enfans de la reine, et à nombre d'autres prétendans, et ensuite son exclusion du trône, signalèrent une légèreté inconcevable, et un entier oubli de dignité non de la part de la nation. Car une partie de la noblesse seule en donna l'exemple, et le corps du peuple ne prit point de part à cette conduite. L'élévation de l'électeur de Saxe, que le Czar Pierre protégea, mit fin à ce désordre politique; mais ce ne fut que pour un instant, car à peine cet électeur fut-il monté sur le trône, qu'il se vit forcé de l'abandonner en fugitif, lorsque par ses liaisons avec Pierre Ier., il se fût attiré la vengeance de Charles XII, à qui le roi de Pologne et le Czar avaient voulu ravir la Livonie. La bataille de Narva gagnée par Charles XII, le rendit arbitre des destins de ma patrie.

Les Polonais semblaient avoir abandonné à l'égard d'Auguste, leur ancien système envers leurs rois.

La nomination de Lesczynski, par une faction de la diète, put à son tour être regardée comme inconstitutionnelle; mais les motifs de cette élection paraissaient la légitimer. Elle était imposée par la politique du moment, puisque c'était là le seul moyen de sauver la Pologne du désastre que lui réservait le vainqueur ; Charles était implacable dans sa vengeance, et avait juré la perte d'Auguste, qui s'était attiré son inimitié.

L'élection de Lesczynski efface en quelque sorte l'avilissement dans lequel une partie de la noblesse s'était plongée ; elle aurait été sans doute un bienfait pour la Pologne, si elle n'eût point eu un roi légitime et avoué par la nation entière, et elle fut une lueur de raison et de sagesse dans ce moment de trouble et d'anarchie de l'état. Lesczynski, palatin de Posnanie, avait toutes les qualités propres à faire un bon roi, et à établir l'harmonie des esprits. Le choix qu'en fit la diète de Varsovie, opposée à Auguste, ne pouvait pas mieux être dirigé.

M. Vautrin, auteur de l'*Observateur en Pologne*, dit que les Polonais proscrivirent Stanislas, et le déclarèrent *traître à la patrie*, *et coupable du crime de lèze-majesté* : cette assertion n'est point exacte. Auguste put proscrire réellement Stanislas, mais la nation prit toujours intérêt à ce prince qui n'avait pas démérité d'elle ; et peut-être le roi saxon, sur la fin de son règne, où il se rendit digne de l'amour de sa nation par la douceur de ses vertus, et par sa clémence, ne dut-il l'indifférence qu'elle lui marqua, qu'au chagrin qu'elle éprouvait de ne point voir Stanislas sur le trône ? L'abbé Desfontaines, dans *ses révo-*

*lutions en Pologne*, dit que ses peuples vouèrent de l'inimitié à Auguste. Cette assertion est sans doute encore hasardée : cet écrivain confondit l'indifférence avec l'inimitié. Si les Polonais eussent nourri dans leurs cœurs ces sentimens contre Auguste, les diètes qui étaient formées par des partis puissans, et plus entreprenans que par le passé, l'auraient dépossédé immanquablement pour replacer Stanislas sur le trône, ce qui aurait été d'autant plus facile, que le Czar avait changé ses projets relatifs à la Pologne, puisqu'il méditait même le rétablissement de Leszczynski, au détriment d'Auguste, et que la politique de l'état aurait voulu peut-être l'adoption de cette mesure par la nation ; c'était le moment de la suivre, lorsqu'elle vit le monarque moscovite, dont le peuple était, comme nous l'avons déjà démontré, l'ennemi naturel de la Pologne, changer ses desseins, puisqu'alors une alliance durable aurait pu exister entre Stanislas et lui.

Les débats qui eurent lieu avant l'élection du fils d'Auguste, et l'élection de ce dernier lors de l'exclusion des autres prétendans et de Stanislas lui-même, qui revendiquait le droit qui lui avait été remis, et qui aspirait à reprendre sa couronne, ne prouvèrent pas que la nation repoussât ce dernier prince. Elle fut influencée d'une manière si puissante par l'Autriche, et sur-tout par le czar, qui depuis la mort de Gortz, avait renoncé à son dessein d'alliance avec la Pologne et la Suède, qu'on ne peut faire aucunement valoir cette adhésion de la part des Polonais. Les efforts que fit la France pour reporter Stanislas sur le trône, efforts qui devaient être impuissans dès que l'Autriche ne voulait point y participer, furent en effet contraire à ses vœux, et forcèrent le Czar à soutenir l'électeur de Saxe; la politique de Pierre s'opposait à l'intromission de la France dans cette affaire; il avait à redouter des tentatives ou la résistance à ses volontés de la part de ce prince, qui passait sous la protection de cette couronne devenue son ennemie naturelle, depuis qu'il avait formé le projet de renverser l'empire ottoman.

La guerre qu'alluma la France pour rétablir Stanislas, faillit bouleverser l'Europe, puisque toutes les grandes puissances furent sur le point d'y prendre part. Mais Stanislas arrêta lui-même l'élan de sa protectrice; il préféra renoncer au trône, plutôt que de contribuer au malheur de son pays, en le rendant le théâtre de tous les désastres. Après avoir signalé les vertus des grands rois de la Pologne, je crois que la justice veut que je fasse remarquer ce beau trait qui doit illustrer à jamais cet infortuné prince, et qui justifie l'estime que lui portèrent les Polonais, après sa déchéance.

Stanislas quitta Dantzick qu'il pouvait défendre et soustraire au joug de la Russie; il ne déploya point ses qualités guerrières pour conserver sa couronne; il renonça volontairement à ses prétentions, et rentra dans la vie privée avec le courage et la résignation de l'homme véritablement grand. Écrivains, qui avez attaqué la gloire de Stanislas, examinez mieux quels furent les motifs de sa conduite, et vous verrez quel nom méritait un prince qui préférait à sa propre gloire le bonheur de ses peuples! il peut triompher des Russes à Dantzick, mais il renonce à la victoire. Stanislas mérite donc la palme de l'estime des nations modernes et de la postérité. Ne pourrait-on pas ajouter, qu'en honorant ainsi sa nation, il l'avait crue digne de cet éclatant sacrifice?

Le long règne d'Auguste III qui resta paisible possesseur du trône, dès que la France, forcée de céder au vœu de Stanislas, eut renoncé à la guerre qu'elle avait entreprise pour lui, fut glorieux pour la Pologne; le calme régna dans l'intérieur : ce prince eut l'amour de son peuple, et il le mérita, en faisant tout ce qui pouvait contribuer à écarter les divisions et à établir l'harmonie dans les esprits. Les Polonais prouvèrent encore sous sa douce administration qu'ils ne se livraient au désordre et à l'anarchie que lorsqu'ils y étaient entraînés par la force des choses.

Je tracerai dans le chapitre de la politique intérieure, l'esquisse du tableau du règne de Stanislas Poniatowski, que la Russie plaça sur le trône polonais. Je dois terminer ici ce précis : il ne me reste qu'à ajouter en résumé que la nation fut grande en tout, lorsqu'elle fut maîtresse de sa volonté ; qu'elle fut invariable dans son systême d'obéissance et d'amour pour ses bons rois ; qu'elle signala sa générosité à l'égard de ses alliés, et sa vaillance envers ses ennemis ; et enfin qu'elle chérit les bonnes lois, et chercha même à les établir au sein de l'anarchie.

Voilà ce que démontre l'histoire du peuple polonais, lorsqu'elle est bien interprétée ; voilà quels seront les droits de cette nation à l'estime des siècles futurs.

# PARTIE POLITIQUE.

## CHAPITRE II.

### DE LA POLITIQUE INTÉRIEURE.

La politique intérieure de la Pologne a été exposée et discutée par un très - grand nombre d'écrivains depuis la mort de Sobieski et l'élection d'Auguste II, époque à laquelle ses révolutions commencèrent : tous ont considéré la forme de son gouvernement comme vicieuse, et son système administratif comme la source unique de l'anarchie qni dévora ce royaume pendant un siècle. Les *Pacta conventa,* et sur-tout le *Liberum veto,* furent regardés comme les vices fondamentaux de l'administration, et par cela même comme des causes secondaires très - actives des nombreux bouleversemens qui se montrèrent dans ce pays. La plupart de ces écrivains ont en même tems avoué que l'intromission de la Russie dans les affaires de la Pologne, et le despotisme altier et barbare que cette couronne y exerça à main armée, avaient occasionné nombre de ces maux; mais ces écrivains n'ont signalé la fatale influence de la Russie que dans les époques très-rapprochées des démembremens, et aucun d'eux n'a cherché à prouver que la nation polonaise ne fut point responsable des fautes que son gouvernement commit, puisqu'elle n'était point maîtresse ni des élections ni de sa volonté; aucun n'a fait entrevoir que le peuple ne fut point participant à la pluralité des erreurs qui excitèrent les désordres; que la noblesse même en corps ne les adopta point dans les dernières époques, et ne coopéra point directement aux modes de gouvernement qui furent adoptés, puisque les diètes furent influencées par les membres vendus à la Russie.

Ayant pour but de justifier ma nation de toutes les fausses inculpations qui lui ont été faites, je signalerai en tout la partialité des écrivains, et je suppléerai autant qu'il me sera possible à leur insuffisance, en faisant connaître par un tableau très-concis la conduite que tint la noblesse et le peuple, et en montrant leur impuissance pour enfanter dans ces occasions le bonheur de la patrie.

Je vais dire d'abord quelques mots sur le gouvernement qu'on a montré comme vicieux, et indiquer pourquoi une constitution semblable à celle des autres états, n'avait pas été adoptée par les Polonais.

Sans doute le systême de gouvernement de la Pologne fut vicieux vers le plus grand nombre des époques de son histoire, et sur-tout vers les dernières, puisqu'il mettait la puissance entière de l'état, c'est-à-dire la partie législative et exécutive, dans les mains d'un corps privilégié, puisque le reste de la nation était privé des avantages de participer à la confection des lois, et qu'elle était exclue en outre des rangs que répartit la puissance exécutive. L'opiniâtreté avec laquelle la nation, ou plutôt une portion de la noblesse, conserva ce systême, devait naturellement être funeste à la Pologne, sur-tout dans le siècle où la morale politique des cabinets était totalement détruite, et où la civilisation européenne, sous le rapport de la perfection de ses gouvernemens, avait anéanti tout ce qui tenait par quelques liens à l'ancienne féodalité.

Le gouvernement de la Pologne fut absolument féodal jusqu'à la constitution du 3 mai 1792, qui anéantit son droit despotique et exclusif : la noblesse représentait uniquement la nation, comme elle le fit en France sous les deux premières races : l'ambition de celle-ci et l'habitude de gouverner dut la porter à perpétuer ce systême, et à empêcher l'introduction de tout autre qui, en relevant la classe secondaire du peuple, aurait affaibli sa domination, en indiquant le système de plusieurs de nos rois.

J'ai fait remarquer dans les réflexions contenues dans le précis historique, que la noblesse n'avait pas en tout tems été l'arbitre souverain des destinées du peuple polonais. Je dois rappeler ici qu'avant que la monarchie ne dégénérât en une aristocratie presque absolue, c'est-à-dire, dans les beaux tems de cette monarchie, les droits des autres classes furent reconnus. Les annales et les anciennes lois prouvent que les habitans des villes prirent long-tems part, par leurs députés, aux délibérations nationales, et que la vie et la propriété des paysans furent garanties par les lois, et défendues par des jurisdictions établies à cet effet.

La noblesse profitant de son puissant ascendant sous les règnes des faibles monarques, anéantit peu à peu ce système favorable, et par des changemens contraires à ces principes de gouvernement, elle chercha à envahir entièrement la puissance et la propriété générale : l'aristocratie exista dès-lors dans sa force, et cette noblesse aveuglée fit tout pour maintenir ses droits usurpés ; elle régna long-tems en Pologne : mais, par une erreur inexprimable, elle crut pouvoir maintenir cette forme de gouvernement qui lui donnait le droit de suprématie dans l'état, mais qui détruisait sans cesse la force et l'harmonie de ce dernier, dans le tems où l'Europe, et sur-tout le nord, prenaient un autre aspect sous le rapport de la puissance des nations et de leur influence politique : elle aurait dû envisager que la situation de la Pologne était différente; que se trouvant menacée par des ennemis devenus formidables, qui étaient ardens à la contrarier et avides d'envahir sa puissance, elle ne pouvait conserver son existence qu'en établissant un systême de défense assez fort pour résister à ses ennemis extérieurs, et pour prévenir les effets de la séduction et de l'influence étrangère dans tout ce qui avait rapport à la création de ses lois et à leur exécution. Les *pacta conventa* devaient sans doute être conservés; mais ils auraient dû être modifiés par la constitution monarchique dès l'instant que le systême aristocratique a cédé la place au gouvernement d'un seul. Ces *pacta conventa* avaient été évidemment utiles par le passé; et leur institution, malgré qu'elle eût pour but, d'un côté, la conservation de l'intégrité des droits de la noblesse, fut favorable à la Pologne sous nombre de ses rois qui, imitant la noblesse, tendirent toujours à l'établissement de la puissance absolue.

Quant au *liberum veto*, qui fut l'institution la plus favorable dans le tems où le peuple polonais avait des mœurs, et lorsque le patriotisme excluait toute influence étrangère dans le royaume, il aurait dû être détruit long-tems même avant Sobieski, sous qui cette influence commença à s'introduire en Pologne, lorsque les princes des autres états commencèrent à briguer les rênes du gouvernement : alors, comme je l'ai dit, elle cessa d'être indépendante; alors la séduction entoura son ministère, son sénat et ses nonces, et il ne fallut qu'en séduire un seul pour annuller tous les travaux de la nation, et pour plonger l'état dans l'anarchie qui fut si favorable à ses ennemis, et qui pouvait seule leur permettre de concevoir une espérance de succès dans le dessein de l'asservir. Il est important de remarquer que ce fut l'opposition qui se trouva entre la constitution polonaise et les mœurs du siècle, c'est-à-dire, celles de l'Europe, qui entraîna principalement la perte de ce pays : ( j'exposerai ailleurs cette vérité politique ) ; et que ce ne fut pas la participation du peuple entier aux désordres qui eurent lieu. Quelques hommes firent mouvoir cette constitution en faveur de l'étranger, et elle paralysa la volonté générale du peuple et des grands même qui, revenus de leur erreur, et renonçant sagement à leur système dominateur, désirèrent long-tems avant la chûte de l'état, le rétablissement de l'ordre, et se disposèrent alors à tout sacrifier pour conserver l'indépendance de leur pays.

Il est évident que la nation, bien loin de renverser elle-même l'édifice de ses lois et de son gouvernement, comme cela a été dit si souvent par les écrivains les plus éclairés, chercha même à soutenir cet édifice, lorsque les prédécesseurs de Catherine II, et Catherine elle-même, eurent manifesté leur dessein de régner sur la Pologne et de changer la forme de son gouvernement, et lorsque le territoire polonais fut inondé de troupes russes. La confédération qui se forma contre l'étranger lors du rétablissement d'Auguste II, la résistance qu'elle fit aux prétentions de Pierre I^er^. et de Pierre II, la confédération qui se forma lorsque Elisabeth, voulant faire la guerre aux Turcs et aux Tartares, exigea le passage pour ses troupes sur le territoire polonais, et l'opposition que la diète montra au vœu d'Auguste qui tolérait cette vexation, dirigé par sa politique particulière; celle qui eut lieu, lorsqu'après la guerre de sept ans les Russes occupèrent une partie du territoire de la république : ces confédérations, dis-je, prouvèrent combien la majorité de la nation tenait au maintien de son indépendance. S'il n'exista point une confédération générale lorsque Catherine imposa la loi aux Polonais, ce fut parce qu'ils se trouvèrent dans l'impuissance de se réunir pour opérer cette résistance, et parce qu'ils n'avaient point prévu un acte d'autorité semblable, qui était contraire à toutes les lois sociales et politiques, de la part d'une puissance étrangère qui n'avait aucun droit sur leur destinée et sur leur trône. Si ceux-ci eussent pu pressentir cette action qui remplit l'Europe d'étonnement et de stupeur, ils se seraient armés à tems, et auraient empêché que les troupes russes, répandues inopinément dans tous leurs palatinats, ne les rendissent totalement impuissans. Les efforts et les tentatives qu'ils firent plus tard pour secouer le joug de leur ennemi, prouvèrent qu'ils avaient l'occasion favorable. L'indignation des magnats et les oppositions qui existèrent à la premiere époque que j'indique, attestèrent que leur constitution qu'ils voyaient détruite si la nomination de la czarine avait lieu, leur était chère, puisque ces oppositions se montrèrent dans le moment où les bayonnettes russes environnaient le *Colo* où était assemblée la diète et en menaçait les membres. La confédération de Bar qui se forma prequ'aussitôt, annonça d'une manière non équivoque, que les

Polonais ne recevaient le joug qu'en frémissant : la résistance fut aussi grande qu'elle pouvait l'être : un coup de vigueur exercé en même tems par la nation entière, indiqua ses sentimens relatifs à son gouvernement, et montra puissamment sa volonté ; ce fut le refus formel qu'elle fit en 1768 de concourir à la diète constitutionnelle, si les troupes étrangères n'étaient écartées, et si elle n'était entièrement libre dans ses délibérations.

Alors les maux de la Pologne s'accrurent, et la résistance de la noblesse devint très-grande. Elle s'honora spécialement dans cette circonstance, et signala son dévouement national ; mais elle dut être victime. Neuf de ses principaux membres que dirigeaient l'honneur et le devoir, (peut-on rapporter ce trait odieux sans faire frémir l'humanité et sans jeter un opprobre éternel sur la Russie)? furent livrés au bourreau, et après un supplice qui leur laissait la vie pour déplorer le malheur de leur patrie, ils furent conduits dans les vastes déserts de la Sibérie, et associés aux brigands que la Russie y envoie. Excité par l'indignation et par la douleur qu'un événement si épouvantable doit faire naître dans le cœur de tout bon polonais, je ne puis m'empêcher de rappeler sans frémir cette horrible action du règne de Catherine.

L'époque de la destruction de la confédération

de Bar, fut celle qui, dans les derniers tems de l'existence de la Pologne, indiqua le mieux le desir qu'avait la nation de posséder un gouvernement stable, et réglé sur d'autres bases. La noblesse montra sa volonté de se dessaisir des avantages qu'elle avait jusqu'alors conservé avec tant de soins, lorsque dans diverses diètes, elle souffrit qu'on proposât l'hérédité du trône et l'organisation d'une armée nationale. Elle opta même pour cette mesure, qui devait faire changer la face de la Pologne, puisqu'elle donnait à son gouvernement un autre aspect et une autre stabilité, par l'établissement d'une grande police dans l'état, et la représentation d'un grand moyen d'attaque et de défense contre l'étranger, ce qui anéantissait les confédérations, et ravissait ainsi les avantages qu'elles avaient individuellement, en armant leurs vassaux pour la défense du royaume.

Cette généreuse résolution, qui fut prise notamment dans la diète de 1765, offre une réponse péremptoire aux écrivains qui ont si imprudemment et si indirectement avancé, que les Polonais en général, et sur-tout la noblesse, ne se plaisaient que dans le désordre et dans l'anarchie, et qu'ils n'avaient rien fait en aucun tems pour donner de la solidité à leur gouvernement, et des bases plus sages à leurs lois. Le tableau que j'ai tracé avan ce dernier paragraphe, où j'ai indiqué les confédérations qui eurent lieu, fait voir leur propension pour le rétablissement de l'ordre parmi toutes les classes, autant que le vœu général de la nation qui desirait de travailler à la réformation de l'état, en créant des lois nouvelles, et de maintenir son indépendance à l'égard de l'étranger. Je crois devoir dire encore ici à la gloire de la noblesse, en anticipant sur les événemens postérieurs, que l'abandon volontaire qu'elle fit de ses privilèges à l'égard des paysans, lors de la grande révolution en 1795, prouve son dévouement généreux pour la patrie, plus encore que sa prévoyance relative à ses intérêts politiques particuliers. La noblesse de Pologne, il faut cependant excepter quelques-uns de ses membres qui abandonnèrent leur patrie parce qu'ils étaient vendus à la Russie, ou parce qu'ils ne pouvaient se résoudre à perdre le droit de gouverner seuls l'état, montra la magnanimité la plus grande en se prêtant à l'affranchissement de tous les serfs. Des traits semblables à ce dernier sont caractéristiques, ils doivent fixer à jamais l'estime des peuples et leur admiration même, dès l'instant qu'il se trouve des historiens qui sont assez justes pour les faire connaître, et assez éclairés pour en distinguer toute l'influence et tout le prix. On m'observera que cette conduite de la noblesse à cette époque, lui était imposée par la nécessité, en m'objectant que lors de l'établissement de la constitution de 1768, elle avait écarté tout article tendant à attenter à ses droits de propriété exclusive sur les serfs. Je répondrai à cette objection que la dernière insurrection de la Pologne n'avait pas un aspect assez redoutable, pour en imposer au corps entier de la noblesse. Lorsqu'elle prit cette résolution, elle aurait pu se joindre aux fédérés de Targowitz, et elle leur aurait donné un appui très-grand, si tenant irrévocablement à ce droit, elle se fût liguée avec eux, et avec les autres ennemis de la Pologne, pour le défendre : on répliquera, que la partie à leurs yeux n'était point égale; telle a été sans doute leur conduite, quoique quelques-uns d'entr'eux aient indiqué les vues perfides de Catherine à l'égard de ce pays. Pourquoi blâmer alors la nation ? Le blâme peut-il être partagé lorsque les deux parties n'ont pas également coopéré à le faire naître? Il ne restait aux écrivains qu'à déplorer le sort du peuple polonais; ils devaient justifier toutes ses actions, et ils devaient tonner contre ses oppresseurs; telle était la loi qui leur était imposée par la raison et par la justice.

Revenons aux preuves des faits qui démontrent l'impossibilité où furent les Polonais d'établir une constitution plus régulière avant et aprés le premier partage; c'est dans cette discussion que les erreurs où les partialités des écrivains qui ont parlé de la Pologne, seront clairement exposées. On va voir de plus en plus qu'ils ont fait tomber le blâme sur l'innocent, et que le coupable a été justifié.

J'ai déjà dit que, dès l'année 1768, on n'avait permis aux diètes aucune délibération libre (1). Après le premier partage, Catherine adoptant la conduite altière et tyrannique d'Élisabeth, em-

(1) Pour prouver quel était le despotisme avec lequel les Russes écrasaient la Pologne, et quelle audace montraient les agens de la Russie, je citerai la conduite d'un de ces officiers que la cour de Pétersbourg envoyait pour assister aux diètes, et pour y diriger la nomination d'après son choix. Cet officier, voyant que les élections n'étaient pas conformes à la liste qu'on lui avait remise, s'y opposa en observant que les seuls partisans de Russie, avaient le droit d'être élus. Les citoyens après avoir vainement invoqué leurs droits, voyant l'inutilité de leurs efforts, engagèrent l'officier à se nommer lui-même, en lui disant que l'impératrice ne pouvait avoir un serviteur plus fidèle. L'officier accepta: il fut ensuite se glorifier de ce nouveau droit chez son ambassadeur : mais ce dernier sentit l'inconvenance et l'absurdité de cette conduite, et le chassa honteusement de sa présence. Cet événement eut lieu dans un palatinat de Lithuanie.

ployant le machiavélisme qui lui était propre, et voulant assurer sa domination sur la Pologne par des moyens plus efficaces que ceux de la force, qui aurait pu être insuffisante, voulut créer une nouvelle constitution pour ce pays. Son projet fut exécuté; et la nation se vit contrainte d'applaudir à des lois qui perpétuaient l'anarchie qu'elle aurait voulu détruire, et qui consacraient tous les abus, tel que celui de l'*éligibilité*, contre lequel la Russie et toutes les couronnes du nord s'étaient si constamment élevées. *Le liberum veto* qui fut si long-tems l'épouvante de la cour qui intriguait en Pologne, fut maintenu; il était nécessaire de forcer l'Europe, en montrant la Pologne dans une dégradation entière, d'adhérer moralement à sa destruction. Comment l'Europe a-t-elle pu souffrir que la victime de tant d'attentats fût encore déshonorée par de laches écrivains? qu'on me pardonne ces réflexions, et ces élans d'une indignation légitime : je redouterais une improbation générale, et croirais ne pas mériter le nom d'ancien polonais, si j'écartais de cet écrit une seule de ces idées.

Des commissaires du cabinet de Pétersbourg furent les législateurs de la nouvelle constitution, et les armées Russes en firent la proclamation. L'anarchie et le désordre durent avoir nécessairement lieu, et les Polonais furent accusés des maux enfantés par leurs ennemis.

J'ai observé que par la constitution de 1775, les droits des paysans furent en partie consacrés. Mais la noblesse ne prit point l'épouvante, en voyant la constitution lui ravir cette propriété, parce qu'il fut intimé expressément par Catherine, de ne rien innover encore à cet égard, c'est-à-dire, de ne point exécuter cet article important. Quelle contradiction dans les sentimens de cette impératrice, ou plutôt quelle perversité de sa part! peut-on tenir l'épée à deux tranchans d'une manière plus redoutable ?

On vient de voir la Pologne avilie par les Russes ses prétendus protecteurs; on va la voir renaissante, pour ainsi dire, pour la gloire constitutionnelle, dès l'instant que la nation s'occupera elle-même de ses lois. La constitution du 3 mai qu'elle forma au milieu des dangers, et lorsqu'elle connaissait la participation de son monarque au vœu de la Russie, montra que non-seulement elle était disposée à changer une partie de ses lois constitutives; mais encore qu'elle voulait adopter un gouvernement régulier, basé sur un système d'harmonie analogue aux mœurs actuelles de son peuple.

Cette constitution concordait évidemment avec celle des autres peuples de l'Europe, puisque la tolérance des religions y était consacrée, puisque les droits de la bourgeoisie, quant aux emplois militaires et civils, y étaient établis. La servitude des paysans, qui seule signalait l'ancienne barbarie, y était détruite en partie, et la Pologne s'élevait sans doute au-dessus de la Russie, en possédant cette constitution si faussement préconisée.

Au reste elle aurait dû convenir à cette dernière puissance, si ses intentions eussent été telles que l'annonçaient ses déclarations, et tranquilliser l'Europe, qui ne devait pas être étrangère à la forme de gouvernement établi dans ce pays, à cause de l'influence que pouvait avoir l'état polonais relativement aux opérations militaires et aux rapports politiques des puissances du nord. Dans des circonstances qu'on n'avait pas prévues, la Russie, engagée par les raisons les plus impérieuses, donna un puissant appui aux aveugles et infortunés Polonais qui avaient eu la faiblesse de croire à sa justice et à sa magnanimité, et qui s'étaient confédérés à Targoiwtz. La nécessité de soumettre à jamais mes compatriotes, lui fit faire à la hâte la paix avec les Turcs. La Pologne fut inondée de ses armées; et l'ardeur généreuse (on peut dire générale) que montra la nation dans cette circonstance, qui lui procura des succès brillans contre ses ennemis, se vit tout-à-coup comprimée.

La Pologne eût pu peut-être, dans le premier moment de cette révolution qui unissait tous les esprits, et même ceux d'une partie des confédérés qui se voyaient trahis par Catherine dans leur unique vœu, qui était le maintien des anciennes lois de leur pays (1); elle eût pu, dis-je, éviter l'affreux désastre qui engloutit bientôt sa destinée; mais il n'en fut pas ainsi; et dès-lors la Pologne dut voir sa perte consommée.

Peut-être n'est-il pas inutile d'exposer ici l'une des causes qui portèrent spécialement la Russie, et sur-tout Catherine, à anéantir la puissance de

---

(1) Peindre les sentimens des confédérés est une justice à leur rendre; tous, à l'exception d'un très-petit nombre dont Catherine avait perverti le cœur, désiraient le rétablissement de la paix dans leur patrie : le but qu'ils se proposaient était de voir fleurir de nouveau la constitution de 1768. Je ne nommerai point ceux qui ne manifestèrent pas le désir de revenir à leur ancien état; on doit les considérer comme n'ayant point de patrie, puisqu'ils furent les seuls à accueillir favorablement une domination étrangère, tandis qu'ils auraient dû s'armer pour se soustraire à l'oppression, plutôt que de la favoriser, s'ils eussent pu prévoir qu'ils deviendraient ainsi les vils instrumens du despotisme russe.

la nation polonaise, ainsi que son gouvernement : cette cause fut la crainte que les Polonais ne donnassent à son peuple un élan nouveau, et qu'ils ne l'encourageassent à exiger un changement, je ne dirai point dans sa constitution (la Russie n'en a point), mais dans la forme de son gouvernement, et sur-tout dans les lois relatives à la servitude. Ce fut principalement la civilisation du peuple polonais et sa tendance vers un gouvernement plus libéral, qui portèrent les souverains russes à tramer sa perte dans toutes les circonstances. Catherine connaissait parfaitement la situation de la Pologne, et elle avait jugé plus sainement les progrès que son peuple avait faits dans la civilisation, que les écrivains qui ont avancé que cette civilisation n'existait point : elle avait distingué les idées nouvelles que la noblesse avait à l'égard de la servitude des paysans; elle la voyait prête à rompre le joug féodal, et à réparer ainsi les torts qu'elle avait eus en conservant un système contraire à l'humanité, à la justice et, j'oserai même le dire, à la politique de tous les siècles. La czarine savait que cette noblesse avait déjà entrevu la vérité politique qui démontre que la richesse des terres l'emporte sur celle qui repose sur la vie des serfs; vérité prouvée par l'expérience, en Pologne même, par plusieurs seigneurs qui, après avoir donné la liberté à leurs paysans, avaient accru leur fortune, au lieu de l'affaiblir par cet acte de raison et de magnanimité. Catherine présageait que cet exemple allait être suivi par tous les propriétaires nobles, et dès-lors elle croyait l'existence de son autocratie menacée; puisqu'il était vraisemblable que son peuple, et notamment les Cosaques, imiteraient tôt ou tard les Polonais.

Ce puissant intérêt politique la détermina, autant que son désir de renverser le grand obstacle que lui offrait la Pologne du côté de l'empire ottoman, autant que celui de s'introduire jusqu'au centre de l'Europe pour chercher à y établir sa domination, autant que ses prétentions d'occuper tous les points de la Baltique favorables à son commerce, et de s'emparer du Sund pour maîtriser de là la navigation de cette mer.

On sait que Potemkin eut l'intention de se faire couronner roi de Pologne, et que Catherine lui en promit long-tems la domination. Il est reconnu, en outre, que cette souveraine était devenue l'esclave des volontés de ce favori. L'intention de celui-ci, qui avait déjà pris une certaine influence en Pologne, en y établissant un droit de propriété qui reposait sur de vastes acquisitions en Lithuanie, contribua à son tour, à la perte de la Pologne;

mais ce motif ne fut encore que secondaire, comparativement à ceux que j'ai exposés, en parlant du long espace de tems que Potemkin régna avec Catherine. On voit d'abord, d'après ces nouveaux rapprochemens, que ce ne fut ni l'anarchie de la Pologne, ni les erreurs de son gouvernement, qui causèrent son anéantissement; mais bien son voisinage de la Russie, et le malheur qu'elle eut, (si toute fois on peut appeler ainsi la chûte d'un peuple qui est occasionnée par son penchant pour l'indépendance et la véritable gloire) de vouloir se mettre au rang des premières nations civilisées.

Si la Pologne fût restée dans son premier état de barbarie, c'est-à-dire, si elle eût maintenu ses lois féodales dans toutes leur vigueur, si l'esprit de son peuple eût toujours été contenu dans le cercle étroit de l'ignorance, si les idées libérales eussent été repoussées opiniâtrement par les membres de la noblesse; si enfin, toutes les institutions qui ont pour but d'éclairer les hommes, et d'anéantir les préjugés contraires à leur bonheur eussent été bannies du sein de l'état, la Russie aurait certainement moins conspiré contre ce pays, ou si elle eût tenté de le gouverner, cela n'eût été que par l'alliance d'une protection absolue, qui l'aurait rendue indirectement l'arbitre des sentimens des Polonais, et de la puissance de la république.

Alors le cabinet de Pétersbourg aurait vu une analogie morale et politique exister entre cette nation et la sienne, et il aurait senti la nécessité de conserver un peuple, son allié naturel, dans l'état de force et de pouvoir, afin d'en faire usage à son tour, comme d'un bouclier qui la garantirait des coups que les nations du continent voudraient lui porter, en lui servant en même-tems d'avant-garde protectrice.

La mort d'Auguste, qui arriva peu de tems après l'avénement de Catherine Alexiewna au trône de Russie, fut l'époque où les malheurs de la Pologne parurent encore s'accroître, malgré que cela fût presque impossible.

Le refus que fit la nation en 1768, de se former en diète, en présence des armées Russes, et ensuite les mouvemens qui eurent lieu lorsque Catherine eut attenté aux droits de la noblesse, dans la liberté et la vie de ses membres, déterminèrent la Russie à marcher pour affaiblir l'énergie de mes compatriotes tout en couvrant sa trame du voile de la protection.

La confédération de Bar qui se forma aussitôt, servit d'appui aux desseins de cette puissance, et lui offrit le prétexte dont elle avait besoin pour s'armer, et pour dépouiller ma malheureuse patrie.

La Russie employa toutes les ressources de la

ruse politique pour entraîner le cabinet de Vienne, et pour le décider à la dépossession entière de la Pologne; car il ne peut s'élever aucun doute, d'après les manifestes même de cette premiére puissance, qu'elle ne l'eût résolue à cette époque.

Les intrigues de la Russie reprirent leur cours ordinaire à la mort de Marie-Thérèse; la puissance russe tenta dès-lors de faire adopter par Joseph II, ses vues relatives à la Pologne, afin d'empêcher ainsi sa réunion à la France, qui pouvait faciliter aux Polonais la défense de leurs droits; mais l'on doit dire qu'il ne prit aucune part aux intrigues particulières de cette puissance. On peut penser, avec quelque raison, que cet empereur improuvait d'abord cette usurpation; mais que le premier pas ayant été fait par la cour sans qu'il vît la possibilité d'apporter un empêchement aux ambitieux projets d'une grande puissance décidée à tout entreprendre, il se laissa déterminer par sa politique nécessaire, puisqu'il avait tout à redouter de cette nation qui vouait la Pologne à sa perte, et qu'il n'était peut-être pas assuré de la part de la France, d'un grand développement d'énergie. Cette politique voulait qu'il s'agrandit à son tour si le partage avait lieu, pour que deux autres couronnes n'obtinssent pas une prépondérance de forces plus marquée, en acquérant une augmentation de territoire.

J'ai anticipé sur les suites de la constitution du 3 mai : je reviens sur mes pas, pour montrer quels furent ses effets relativement à l'honneur de la nation.

Sa publication et l'envahissement général du territoire polonais qui en fut la suite, furent désastreux pour la nation ; mais ces événemens la combleront de gloire lorsqu'on envisagera qu'elle se souleva de tous côtés, et qu'elle aima mieux se faire un tombeau de son pays, que de recevoir les lois que la Russie venait de lui imposer.

La révolution qui éclata, et qui aurait sauvé la Pologne, si son peuple eût été placé sur un territoire plus circonscrit, et si les *palatinats* eussent pu se rallier pour la défense commune ; cette révolution, dis-je, et les sacrifices énormes que la nation fit avec magnanimité, réfutent tous les argumens qu'on avait formés contre ses sentimens, et anéantissent toute imputation de faiblesse de sa part. L'harmonie qui régna dans l'esprit de toutes les classes, la bravoure inouie que montra le peuple en attaquant, presque sans armes, des armées aguerries, l'unanimité des opinions et des sentimens qu'on n'a vus chez aucune nation dans une situation semblable, la sagesse des lois qui furent créées au milieu du désordre de la révolution la plus effrayante, les ménagemens naturels que gardèrent les diverses classes de citoyens, le calme des passions, (on peut nommer ainsi la suspension des vengeances particulières et l'anéantissement des jalousies et des rivalités qui cédèrent en ce moment au sentiment de la patrie) l'obéissance, on peut dire religieuse, que le peuple porta à ses lois qui, je le répète, reposaient sur la plus saine politique, et qui avaient pour base l'amour de l'ordre, la justice et l'humanité; cette conduite sans exemple éleva le peuple polonais au plus haut période de la grandeur, et le montra comme un modèle au milieu des grands peuples de l'Europe moderne.

Les erreurs qui ont été débitées au sujet de cette révolution, et l'ignorance entière où l'Europe paraît être encore de ses motifs, quoique tout concoure à les faire connaître, me forcent de les présenter à mes lecteurs. Mon devoir exige d'autant plus que j'en agisse ainsi, que les ennemis de la Pologne et ses détracteurs en général lui ont adressé d'odieux reproches qui ont été funestes au peuple polonais, puisqu'ils lui ont ravi ses anciens amis, et qu'ils ont même engagé dans les derniers tems les couronnes qui auraient pu influer sur son sort et contribuer à maintenir son espérance, à l'abandonner presque totalement.

Comment n'a-t-on pas reconnu, en observant la situation de ce peuple, son obéissance à son roi, et en considérant son ancienne tendance, que le système de liberté absolue n'entra point dans l'esprit des Polonais? Ils auraient indubitablement respecté la constitution du 3 mai, et Stanislas-Auguste III les aurait gouvernés monarchiquement, si cette constitution eût pu être maintenue. L'invasion étrangère détermina donc seule la révolution : ce fut contre l'étranger agresseur que la nation se souleva, et non contre son roi, ni contre le système du gouvernement établi. On ne peut donc affirmer ni même écrire avec la moindre vraisemblance, qu'en créant sa dernière constitution, le peuple eût le dessein de la remplacer par une autre : une telle assertion peut être réfutée de la manière la plus péremptoire, par l'assurance qu'on a que, lors de l'invasion des Russes, la situation des esprits était la même qu'à l'époque où la constitution du 3 mai fut décrétée, et que cette invasion ne changea rien à leurs considérations politiques pour cette couronne avide de conquêtes. Il n'exista chez les Polonais en révolution, aucune loi qui portât le caractére démocratique. On ne peut nommer telle la résolution prise en faveur de la classe des paysans, et leur admission aux droits civils, puisque la monarchie ordinaire et la démocratie excluent également toute espèce de servitude.

La révolution polonaise peut être appelée la révolution de l'indépendance contre l'étranger, et non la révolution pour la cause de la liberté, d'après l'acception donnée à celle de la France, où l'on désigna ainsi celle qui anéantissait la monarchie (1).

On s'apperçoit, d'après ce simple rapprochement, que la Pologne et la France ne se ressemblent en rien quant à leur révolution commune,

---

(1) Rien ne prouve mieux le principes des Polonais à cet égard, que leur dernière révolution : en déposant le pouvoir absolu dans les mains de Kosciuszko, ils ont prouvé qu'ils sentaient tous les avantages de le concentrer dans un seul individu. Kosciuszko étant chef suprême de la nation, possédait les pouvoirs législatif et exécutif. Cet acte par lequel on avait placé toute l'autorité entre ses mains, prouve combien les Polonais étaient loin d'adopter les idées démocratiques qu'on leur a injustement attribuées. On ne peut que louer la conduite de la noblesse à cette époque ; elle démontre évidemment que les Polonais ont pris toutes les précautions pour éviter de tomber dans les désordres révolutionnaires. En retraçant ces circonstances, il est impossible de ne pas admirer la modération et la religieuse modestie avec lesquelles Kosciuszko a exercé le pouvoir sans bornes que ses compatriotes lui avaient confié.

et qu'on a eu tort de les confondre lorsqu'il s'est agi d'improuver la première.

Je ne tracerai point ici l'histoire de cette dernière révolution, qui montra ce que pouvait la nation polonaise, quelle était la force de son caractère, qui fit éclater les plus nobles sentimens d'un peuple, et qui prouva ce que peut le courage soutenu de la justice, contre l'injuste oppression. Le monde entier connaît les événemens de cette révolution étonnante; je ne rappellerai cette brillante époque de notre histoire, qui, j'ose le prédire, donnera à mes anciens compatriotes des droits à l'admiration de la postérité, que pour faire remarquer à l'Europe ce que, pour le bonheur des nations, elle pouvait attendre d'un peuple qui montra une telle énergie, et qui balança pendant huit mois la puissance de la Russie; et à quelle époque? dans le plus beau moment de la gloire militaire et politique de cette couronne. Rappeler aux nations leur conduite indifférente lorsqu'il s'agissait de la conservation de l'allié naturel de tous les états, c'est vouloir faire naître des regrets chez ces mêmes nations, et leur reprocher une faute impardonnable; mais le devoir de l'historien est dans la vérité, et il ne peut jamais la laisser ignorer lorsqu'il est parvenu à la connaître.

On regardera sans doute comme incontestable que si la Pologne, dans ces dernières époques, eût existé, même dans l'état de faiblesse où elle était après le second partage, la guerre que vient de faire la Russie aux Turcs, et dans laquelle l'empire ottoman a été menacé plus qu'il ne le fut jamais, n'aurait pas eu lieu : les Polonais, agissant en faveur de l'un de leurs premiers alliés, auraient contrarié les opérations des Russes, comme ils le firent avec succès, sans même s'armer, lors de la guerre de cette nation avec les Turcs en 1788; ou plutôt la cour de Pétersbourg n'aurait pas tenté vraisemblablement cette attaque qui a été une véritable invasion, et qu'elle regardait comme le dénouement récent et favorable de toutes les intrigues qu'elle ourdit depuis si longtems contre la puissance et la gloire de la Porte Ottomane. J'ajouterai, au sujet du péril dont l'Europe a été menacée depuis la mort de Catherine, que la Suède, le Danemarck, une grande partie de l'Allemagne, et peut-être le continent entier, auraient pu craindre de subir le joug de la grande puissance du nord, ou auraient au moins senti son influence d'une manière plus forte, si la révolution de la France, en développant l'énergie guerrière de son peuple, n'eût arrêté l'élan de la nation russe, et entravé les projets et les opérations de son cabinet, et si ensuite Napoléon n'eût limité ses prétentions et son audace, en lui montrant sa force invincible, et en se déclarant le protecteur du système de l'harmonie continentale. C'est à l'avènement de ce grand prince au trône, que l'Europe a dû son salut. L'existence des trois coalitions qui ont eu lieu, et les efforts inouis qu'a faits la Russie pour s'introduire au centre de l'Europe, indiquent le danger dont je parle, et signalent ostensiblement cet éclatant bienfait de l'empereur des Français.

Si je ne fais point le récit détaillé des événemens qui devancèrent la chûte entière de la Pologne, je dois du moins rappeler la gloire militaire qu'obtint son peuple à Rastowicz, à Varsovie et à Manciowiec(1), ainsi que la fameuse déclaration de la noblesse, par laquelle elle fit une cession absolue de tous ses droits, et se rangea d'elle-même dans la classe ordinaire des citoyens. Ce trait brillant qui honore la raison et l'humanité, ne peut être trop reproduit, puisqu'il offre un

(1) Ce fut cette dernière bataille qui décida militairement du sort de la Pologne. Kosciuszki y tomba couvert de blessures sur le champ de bataille, et fut fait prisonnier. Les Polonais montrèrent dans cette action tout ce que peuvent le courage et le dévouement.

exemple éternel aux peuples. Je ne puis non plus retracer cette époque sans offrir un hommage d'admiration aux hommes généreux qui dirigèrent mes compatriotes dans cette crise étonnante, et qui contribuèrent à la fois à la gloire politique et militaire de ma première patrie. Ce serait offenser mon pays natal, tromper le vœu de tout ce que l'Europe compte en hommes estimables et éclairés, que de ne pas proclamer ici les droits qu'ils acquirent à la reconnaissance nationale.

En citant les Polonais qui ont droit à l'admiration de la postérité, je placerais Kosciuszko à leur tête, si mes relations de famille avec lui ne m'obligeaient de restreindre les éloges que je devrais lui donner. L'univers connaît ses talens et les services importans qu'il a rendu à sa patrie; tout ce que j'essayerais de dire serait au-dessous de sa gloire et de la reconnaissance des Polonais.

Après les malheurs de Kosciuszko, qui devinrent ceux de la patrie, Wawrzecki le remplaça; ses actions et ses services seront à jamais gravés dans le cœur de ses compatriotes; il sera immortel. L'histoire se glorifiera toujours de décorer ses pages des noms qui lui donnent autant d'éclat que celui de Wawrzeeki.

O vous! Malachowski, Ignace Potocki, Kolontay, Mokranowski et Dzialynski! vos noms viendront aussi se retracer avec tous les grands souvenirs qui rappelleront à la postérité cette révolution honorable pour l'humanité, et glorieuse pour la nation dont vous faites partie.

Jasinski ! ô toi qui mourus en défendant Praga, dernier asile des malheureux Polonais, toi qui ne voulus accepter aucun pardon, ni survivre à ta patrie après l'affaire de Maciejowieze, où Kosciuszko couvert de blessures, accablé par la supériorité des forces de l'oppression, eut le malheur de succomber ; ton dévouement héroïque égale tout ce que les siècles nous ont appris des plus illustres défenseurs de la patrie !

# CHAPITRE III.

## RAPPORTS EXTÉRIEURS DE LA POLOGNE DANS LES TEMS ANTÉRIEURS AU DERNIER PARTAGE.

DANS les premiers tems la Pologne eut de très-grands rapports extérieurs avec tous les peuples des parties septentrionales et centrales de l'Europe, et son influence sur la politique du nord fut très-prépondérante; elle maîtrisa la Russie à sa naissance, et lui imposa, même dans le tems de sa force, la loi du vasselage. On la vit aussi influencer la nomination des czars, et concourir à leur affermissement ou à leur dépossession. Si elle perdit en partie cette suprématie, lorsque la Russie se montra plus redoutable sous Alexis-Michalowitz, elle empêcha néanmoins le développement des projets de ce prince, et le contraignit de se renfermer dans les limites de ses états; elle conserva ce même degré d'influence au commencement du règne de Pierre Ier., et ne le perdit pas entièrement, lorsque Charles XII, vaincu à Pultawa, eut laissé au czar une libre carrière à son ambition. L'époque de cette bataille et des évènemens qui en furent la suite, ou qui la précédèrent, ne fut point celle de l'abaissement de la Pologne: Charles occupa son territoire, et se rendit un instant l'arbitre des volontés des Polonais, en exigeant l'élection de Stanislas Lesczynski; mais il remplissait en cela l'intention d'une partie du peuple; et cette adhésion ne fut point celle d'une nation vaincue qui a des condescendances envers son vainqueur. Le roi de Suède était regardé par la majorité des Polonais comme un allié très-utile à leur patrie, puisqu'il lui conservait son indépendance, et qu'il annonçait devoir limiter à jamais la puissance de la Russie, en affaiblissant ses forces : en effet, Charles devenait, d'après cela, un protecteur pour la nation; la cause de celle-ci était celle de ce prince, et la politique de l'état polonais s'unissait avec la sienne, en ce qui concernait cette suprématie de la Suède momentanément nécessaire.

Les rapports de la Pologne avec cette dernière devenaient plus intimes après la chûte de Charles XII : alors l'abaissement de la république, que l'invasion de ce conquérant n'avait pas opérée, eut lieu jusqu'à un certain point, et l'alliance entre les deux états, suédois et polonais, commença à être naturelle : la Pologne la maintint invariablement, et servit efficacement la Suède, par l'inquiétude constante qu'elle donna à la Russie sous les successeurs de Pierre Ier. jusqu'à Elisabeth, époque où l'influence de la Pologne décrut totalement, et où sa propre puissance fut menacée directement par la Russie. Le Danemarck, menacé à son tour de l'asservissement par cette dernière, trouva un appui indirect dans la Pologne, et l'on peut prouver qu'elle contribua à sauver l'existence de cet autre état. On ne doutera point de la vérité de cette assertion, lorsque l'on considérera que Pierre Ier. fit tout ce qui était en son pouvoir pour établir sa domination sur le Danemarck, lorsqu'on observera que son désir d'occuper le Sund fut constant, et que depuis ce prince, le cabinet de Pétersbourg a toujours cherché à gouverner par influence cette monarchie.

A la fin du règne de Sobieski, les rapports de la Pologne avec les Turcs se formèrent, et son système d'alliance avec la Porte fut essentiellement utile au pacte général, et depuis que la Russie a commencé à balancer l'influence des Turcs, si leur trône brille encore en Europe, on le doit à la Pologne. Je dirai ailleurs ce qu'elle fit en faveur de cette puissance orientale avant cette époque, et je signalerai la sage politique qui lui fit combattre le Turc lorsqu'il fut redoutable à l'Europe, et qui la rendit ensuite son alliée fidelle lorsque ce dernier eut perdu sa suprématie politique et militaire, et lorsque la conservation de son existence fut nécessaire aux nations en général.

La Pologne fut sans alliance avec l'Autriche, avant et après que celle-ci eut pris un grand ascendant politique en Europe; elle lui fit sentir son influence sous plusieurs de ses empereurs, et notamment sous Henri II; elle l'empêcha d'opérer aucun agrandissement du côté du nord, même lorsque la Hongrie eut été réunie à l'apanage autrichien. Il n'existait point d'alliance naturelle entre les deux états avant ce dernier évènement; mais lorsque la Hongrie fut sous la domination de la cour de Vienne, cette alliance était formée; et dès-lors la Pologne et l'Autriche auraient dû se lier par un systême d'union fédérative absolu, pour empêcher l'agrandissement de la Russie du côté de l'orient, et pour former du côté de l'Europe la barrière qui devait lui être opposée. La Pologne négligea sans doute l'établissement de ce systême nécessaire; mais on peut observer qu'il aurait été détruit peu de tems après sa création, par la suite des évènemens politiques.

La Pologne n'eut aucuns rapports directs d'alliance avec les autres grandes puissances du continent, si ce n'est avec la France, la Prusse n'ayant pris son rang parmi les couronnes du premier ordre, que dans l'instant où la Pologne était affaiblie.

L'alliance de la Pologne avec la France fut naturelle avant le décroissement de la puissance ottomane, et ensuite après l'accroissement de celle de la Russie, et elle continua à maintenir l'équilibre de puissance dans le midi comme dans le nord. La France était rentrée dans des limites bornées, sous ses différens rois, et même sous Louis XIV. D'après cela, la Pologne dut être constamment son alliée : l'alliance d'union exista; la Pologne la maintint scrupuleusement, et elle l'aurait rendue bien plus efficace, si la France, de son côté, eût secondé ses vues politiques; mais le cabinet de Versailles négligea en tout tems ses unions fédératives : on le vit sous Louis XIV, fier de ses forces et de ses victoires, et trop confiant dans ses moyens, je ne dirai point dédaigner, mais négliger l'appui de ses alliés, tandis que, s'il eût uni dès ce moment la Pologne à sa politique, cette dernière aurait pu faire du côté de la Hongrie une diversion favorable aux vues du prince français, et empêcher l'humiliation effrayante qu'il éprouva de la part de l'Autriche à la fin de ce règne brillant. Les deux puissances, de concert, auraient ranimé l'énergie du Turc, lorsque Pierre I$^{er}$., vainqueur de Charles XII, conçut le dessein d'asservir à son joug l'empire oriental; elles auraient attaqué conjointement le czar, lorsqu'il commença ses invasions sur les territoires suédois, sur le territoire ottoman, et sur celui de la Pologne même : l'on aurait abaissé l'orgueil de la Russie, et prévenu les dangers que courut la France à la mort de Louis XIV, et sur-tout à l'abaissement de sa puissance sous ses successeurs.

Je ne puis m'empêcher de faire remarquer ici la fatale indifférence que montra l'ancienne France lors des premiers partages, et d'observer que la confiance que les Polonais avaient mise en elle, fut une des causes qui hâtèrent leur désastre. Je vais signaler la fausse politique de la cour de Versailles.

Les Polonais avaient sans doute raison de compter, non-seulement sur la médiation diplomatique de cette cour, mais encore sur son intervention armée. Ils ne purent se persuader qu'elle oubliât sa politique au point de ne pas être émue, en voyant d'autres puissances, ses ennemies naturelles, agrandir leur influence, en accroissant leur population et leur territoire par cette conquête, et en les voyant renverser la barrière qui les séparait de l'empire ottoman, à l'existence duquel le sort, ou du moins la suprématie de la France semblait attachée.

Les Polonais pouvaient-ils croire que la France devenue commerçante, et qui fréquentait autant qu'aucun autre peuple les échelles de la Baltique, souffrît que les positions importantes de la Pologne, sur cette mer, fussent occupées par la Russie? pouvaient-ils croire qu'elle négligeât ainsi le grand intérêt commercial; et qu'elle ne fît aucun effort pour empêcher que la Russie ne s'emparât du sceptre maritime du nord? La France, l'Angleterre même, ont dû redouter que cette dernière ne vînt à se former une plus grande force sur la mer. Si cette force s'établit tôt ou tard, on peut prévoir qu'elle sera funeste à l'une et à l'autre des deux grandes puissances maritimes.

Les Polonais tombèrent dans l'erreur à l'égard des desseins du cabinet français, et de la protection qu'ils avaient droit d'en attendre. On sait, il est vrai, que le duc de Choiseul, ministre sous Louis XV, eut l'intention de secourir la Pologne: mais on sait aussi quelle fut la pusillanimité du souverain et de son conseil dans cette circonstance. On redouta une guerre avec l'Autriche et la Prusse; cette guere probablement n'aurait pas eu lieu, et si elle eût existé, elle aurait comblé d'honneur la nation française; les Polonais auraient senti redoubler leur énergie; la nation entière aurait été entraînée par un mouvement général à se confédérer. Dans ce moment où Catherine n'était point affermie, ou les cosaques n'étaient pas tout-à-fait domptés, peut-être les Polonais auraient-ils pu faire une diversion favorable dans le pays de ces derniers, et menacer peut-être la puissance de la monarchie russe. L'apathie ou l'indifférence du gouvernement de la France, assurèrent le triomphe des ennemis de la Pologne; mais l'on peut ajouter que cette conduite du cabinet de Versailles fut contraire à la France elle-même; et ses résultats désavantageux se sont montrés jusqu'en ces derniers tems. Dans les guerres de la révolution, et dans celles qui ont succédé à l'établissement de l'empire, elle n'aurait pas été si exposée, et elle n'aurait pas eu besoin de tant d'efforts et de tant de sacrifices, si la Pologne n'eût point été démembrée, ou plutôt elle n'aurait pas été attaquée, puisque la Russie aurait été contenue dans ses états, par les Polonais.

Il est aisé d'entrevoir que si la France entière ne se ressent plus directement de la chûte de la puissance polonaise, elle le doit comme je l'ai déjà observé, et comme on ne peut trop le redire, au bonheur inexprimable de posséder sur son trône le GRAND NAPOLÉON; c'est à ce puissant et généreux monarque qu'il est réservé de sauver l'Europe, (je ne dirai point comme le fit Sobieski à l'égard des Ottomans; le règne de Napoléon ne peut être comparé à aucun autre règne), en empêchant l'invasion orientale, et en opposant à la Russie dans le nord, une nouvelle barrière impénétrable. C'est Napoléon qui a empêché l'entier accomplissement de la prédiction de *Burke*, qui dit en parlant du partage de la Pologne; « on se « repentira un jour d'avoir toléré la consomma-« tion de cette grande iniquité ».

# CHAPITRE IV.

## DE QUELLE UTILITÉ LA POLOGNE A ÉTÉ A L'EUROPE.

La situation du territoire polonais a sauvé dans mille circonstances les destinées des états continentaux. Ce territoire présentait, avant le premier partage, une barrière aux Russes dans toute l'étendue de leur empire du côté de l'Europe, puisqu'il s'étendait depuis le golfe de Livonie, jusqn'à l'embouchure du Dniester : il empêchait toute communication entre la Prusse et la Russie, puisqu'il bordait ce premier état depuis la Silésie jusqu'à la Prusse orientale et la Baltique ; et il fermait, en outre, toute issue aux Tartares et aux Turcs, du côté du centre de l'Europe, ce territoire avoisinant tous les points de la Petite Tartarie par où les barbares auraient pu pénétrer dans le sein du Continent.

La Pologne occupait donc la situation la plus favorable, pour empêcher les progrès de l'ambition, et pour maîtriser la turbulence des peuples orientaux, dont la tendance a toujours été de se déborder sur l'Europe, et d'y établir leur domination. Il est aisé d'entrevoir, en examinant quelle fut la puissance des Turcs sous Mahomet II et sous Amurath IV, et celle des Tartares sous Gengiskan, que les états continentaux du centre qui se sont montrés florissans auraient été étouffés à leur berceau, et que l'Europe aurait pris un autre aspect et une autre existence si la Pologne n'eût arrêté les projets dévastateurs de ces conquérans, en leur opposant la barrière de son territoire et la bravoure de son peuple, qu'elle leur fit éprouver dans plusieurs circonstances, soit à Choczim, ville des frontières polonaise, soit devant Vienne, où les Polonais arrachèrent l'empire et l'Europe entière du joug ottoman.

Si l'on envisage dans toute leur étendue les effets de l'empêchement que mit la Pologne à toute confédération des puissances continentales, si l'on observe les avantages qui sont nés de la désunion de ces puissances, ou de la nullité de leurs rapports, si l'on considère ceux qui résultèrent des ménagemens que la Russie, la Turquie et plusieurs autres états furent forcés de garder long-tems envers la Pologne; ménagemens qui avaient leur source dans la crainte que celle-ci n'ouvrît son territoire à l'une ou à l'autre couronne; et si enfin, l'on s'assure historiquement qu'elle ne favorisa jamais aucune intention perfide, on reconnaîtra qu'elle a tenu la balance de l'harmonie politique continentale, en même tems qu'elle servait de bouclier aux peuples européens.

Si l'on observe en outre combien cette nation, qu'on aurait dû nommer *la sentinelle de l'Europe* (1), accrut les avantages qu'elle lui procurait par sa position territoriale, lorsque, par la valeur et l'énergie de ses guerriers, elle en imposa à tous ceux qui osèrent approcher de son pays; si l'on fait attention que, prévoyant la prépondérance politique et militaire qu'obtiendrait un jour la Russie, prépondérance que les Polonais avaient pressentie lors du règne du grand Ivan, si l'on fait attention, dis-je, qu'ils cherchèrent à lui dicter la loi jusques dans le sein de ses états, et à anéantir à jamais sa domination ambitieuse, ce qui aurait été pour l'Europe le comble du bonheur; on est tenté de douter qu'un seul peuple ait pu rendre de si grands services; et l'on ne peut se refuser, sans doute, à lui donner le titre de bienfaiteur des nations. La reconnaissance, l'équité et la gloire ont mérité à la Pologne ce titre glorieux qui est sans doute bien différent de celui qu'elle a reçue de l'opinion défavorable de l'Europe ingrate et

(1) Elle lui fut aussi utile que les védettes le sont à une armée.

aveuglée sur tout ce qui concerne la justice et son bonheur. Jamais il n'exista un semblable exemple d'injustice et d'ingratitude envers aucun peuple. Je vais reproduire une idée déja émise : le soin de relever l'honneur de mon pays me force à la prolixité.... C'est cette erreur de l'Europe qui a déterminé la chûte de la Pologne, bien plus que l'ambition et les efforts de son ennemi. Si le peuple polonais eût été estimé autant que le méritaient ses actions, si ses importans services eussent été appréciés comme ils devaient l'être, tous les peuples se seraient soulevés pour empêcher le partage du territoire de cette nation.

Mais je crois pouvoir dire, sans craindre de m'abuser, que si les siècles présens refusent à ma patrie le tribut d'estime et la vénération qui lui sont dus, la postérité vengera sa gloire; et celle des peuples européens, contemporains de cette grande et épouvantable catastrophe, en sera évidemment affaiblie. Tel est le droit de l'homme ou du peuple injustement méconnu et opprimé.

# CHAPITRE V.

**SITUATION ACTUELLE DES POLONAIS, LEURS NOUVEAUX RAPPORTS DE RÉCIPROCITÉ AVEC LA FRANCE; DE QUELLE UTILITÉ ILS PEUVENT ÊTRE POUR CETTE DERNIÈRE : APPEL AUX POLONAIS-SAXONS SUR LES DEVOIRS QUE LEUR IMPOSENT LA POLITIQUE ET LEUR BONHEUR.**

La Pologne est détruite; tous ses membres sont dispersés; ils ont été forcés d'adopter d'autres lois, d'autres mœurs et d'autres usages; ils ont même perdu leur nom avec leur existence politique : on croirait, d'après cela, qu'ils vont oublier qu'ils eurent une autre patrie, qu'ils jouirent de leur indépendance en formant un corps de nation, et qu'ils possédèrent un nom illustre : ce serait méconnaître la force du caractère des anciens Polonais, l'ascendant de leurs nobles coutumes sur leurs ames patriotiques; ce serait ignorer combien l'enthousiasme pour l'indépendance, l'amour inexprimable qu'elle inspire, et l'habitude de se gouverner soi-même, sont difficiles à détruire, sur-tout dans un peuple qui possédait un esprit national, et dont l'orgueil s'unissait à celui de sa patrie : ce serait enfin ne pas entrevoir quels sont les obstacles qui s'opposaient au changement des mœurs d'un peuple tout-à-fait différent de ceux qui l'entouraient, que de juger qu'un semblable changement puisse déjà s'être opéré, et qu'il le soit même dans un siècle où ils sont assujettis à une domination étrangère.

Les Polonais, on peut l'affirmer, ne se ressentent point moralement de l'influence de leur dépendance actuelle; ils ont encore et leur ancien esprit et leurs premiers goûts; ils se retracent avec orgueil la gloire de leurs ancêtres, conservent avec soin leurs habitudes, et se repaissent d'espoir dans les instans où tous les mobiles de ce sentiment sont détruits, en sorte qu'on pourrait les comparer à la nation de *Moïse* dans les circonstances brillantes qui l'honorèrent, c'est-à-dire, dans sa persévérance à conserver ses antiques mœurs et ses lois morales particulières, pendant qu'elle était asservie à toutes les dominations : celle-ci est dispersée sur la surface de la terre : dans plusieurs états elle ne jouit point des droits civils; une partie de ses membres est même dans l'esclavage; et cependant on ne peut dire que la nation juive soit politiquement anéantie, dès qu'on entrevoit les puissans rapports moraux qui unissent tous ses membres sur les divers points du globe.

Ce que je cherche à indiquer par cette comparaison à l'égard des Polonais, est prouvé par l'exemple de ceux d'entre eux qui avaient été séparés du corps de la nation par les premiers partages. Ceux qui ont passé sous la domination autrichienne ou prussienne, ont montré l'obéissance des bons sujets; mais au milieu même d'un peuple étranger, on reconnaît encore le caractère polonais aux coutumes antiques qu'ils ont conservées à deux cents lieues de leur première patrie. Voilà un trait caractéristique propre à la nation, et qui l'honore sans doute; il démontre encore combien était fausse l'inculpation qui lui a été généralement faite, et que j'ai déjà combattue, de manquer de consistance dans le caractère. L'histoire des premiers tems de sa puissance offre nombre d'exemples relatifs aux individus qui avaient encouru la proscription des lois : ces exemples viennent à l'appui de cette assertion. On les vit fidèles à leur amour pour leur pays natal, le servir lorsqu'ils en étaient bannis, en s'exposant même à l'animadversion des puissances qui leur avaient donné asyle.

En disant que la Pologne a été politiquement détruite, on porte la conclusion un peu trop loin. L'existence du duché de Varsovie, que la sagesse et la générosité de l'empereur Napoléon ont mis dans les mains du roi de Saxe, est en quelque sorte celle de la Pologne. Le roi de Saxe est l'héritier naturel du trône polonais : bienfaiteur de ce pays, comme voulurent l'être ses ancêtres Auguste II et Auguste III, il permet au peuple qui a passé sous sa domination, de se livrer à l'espoir de faire revivre ses antiques vertus, et de sauver le nom polonais d'un oubli total. Les Polonais-Saxons vivent dans le calme et le bonheur sous l'autorité de leur nouveau maître : la durée de ce repos et de cette félicité inattendue est garantie par la bienfaisance naturelle et par la magnanimité de leur prince, qualités premières dans un souverain, et qui dans le roi de Saxe n'ont pas été assez célébrées : ses nouveaux sujets conservent leurs mœurs et leurs habitudes intactes ; leur religion, leurs préjugés même, rien n'a été changé par lui ; il laisse à leurs idées l'indépendance qu'elles doivent avoir : ce peuple est entouré de considération par son monarque ; on excite sa vertu militaire, l'on encourage son amour pour les Français, et son penchant pour tout ce qui tient à ma nouvelle patrie. On peut donc dire, d'après un semblable tableau, que la Pologne vit encore, puisqu'elle conserve le feu sacré de sa gloire à la vérité dans un petit état ; mais le sort de ce petit état est assuré, puisqu'il a pour appui la volonté suprême et la politique du grand Napoléon, et qu'il se trouve à jamais à l'abri de l'atteinte de la Russie, dès l'instant qu'il a passé sous la protection directe de la France..... Oui, le sort de l'état formé d'un des débris de la Pologne, est invariable. Polonais! qui mieux que vous connaît qu'il n'est point de nation qui puisse insulter en vain les alliés des Français? Qui mieux que vous a vu les brillans exploits de leurs armées? Qui mieux que vous a pu juger que la puissance de Napoléon est invincible? Votre nom et votre antique honneur seront immortels. Vous avez fixé la bienfaisance du héros de l'Europe, puisqu'il vous a conservé un reste de patrie, et vous avez reçu les éclatans témoignages de son estime, lorsque vous l'avez vu associer vos anciens guerriers à ses phalanges glorieuses (1). Que n'avez-vous pas à espérer, si

(1) La bravoure et les services des légions polonaises sont connus de l'Europe et avoués par la France : si on les rappelle, c'est pour offrir à ces légions le tribut d'estime qu'elles ont mérité. Je dois observer, ce qui me paraît ne pas avoir été assez bien envisagé jusqu'à ce jour, que ces légions ont conservé l'esprit dont Kosciuszko, leur généralissime et leur chef suprême, les avait animées, et qu'elles ont marché sur le plan de ce chef, tant relativement à leur pays qu'à l'égard de la France : ce plan concordait pleinement avec les vues

vous persévérez dans ces sentimens qui vous font regarder les Français comme des frères, et dans ce dévouement et cette ardeur qui, je le dirai à votre louange, préviennent le désir du grand monarque, votre protecteur ? Si l'empereur des Français est assez puissant et assez affermi pour s'élever au-dessus de la considération qui montre encore la nécessité de l'établissement d'une barrière dans le nord; si, d'après ce motif, vous ne pouvez espérer de voir renaître votre ancienne patrie dans toute sa force, vous pouvez du moins vous flatter de reprendre une partie de vos droits. N'oubliez pas que Napoléon s'est toujours montré généreux envers les peuples fidèles : songez que, s'élevant

---

et la situation de cette dernière ; elles ravirent à l'ennemi une ressource considérable ; car, en supposant que leurs cadres fussent portés à plusieurs reprises jusqu'à 50 mille, en abandonnant les drapeaux de l'ennemi et passant sous ceux de la France, elles donnèrent à celle-ci l'avantage de 100 mille hommes. On peut considérer ces légionnaires comme l'élite des enfans de la Pologne, et l'on doit s'attendre que tôt ou tard leur mérite et leur dévouement obtiendront tout leur prix : ils n'attendent, pour donner de nouvelles preuves de leur valeur et de leur dévouement à leur patrie et à la France, qu'un signal de l'empereur Napoléon : à sa voix, il n'est point d'obstacles qu'ils ne surmontent, et point de lauriers qu'ils ne puissent déposer à ses pieds.

au-dessus de tous les potentats de l'antiquité et des siècles modernes, il a relevé tout-à-coup les destinées de ceux dont la perte totale semblait assurée : considérez que cette générosité s'est même manifestée envers plusieurs des états qui furent les ennemis de la France, et qu'il a porté sa bienfaisance à leur égard jusqu'à leur faire partager la brillante gloire et la félicité de son peuple, en les unissant à ses membres, et leur accordant le beau nom de *Français*.

Polonais! vous pouvez vous rendre chaque jour utiles à la France : vous formez l'avant-poste qui doit surveiller ses ennemis et les combattre, en attendant son appui : vous pouvez introduire chez vos voisins les sentimens que chérit la France, et y préparer l'admiration générale pour cette grande nation, en combattant la politique astucieuse et perfide de son ennemi septentrional : vous pouvez jeter le germe de la reconnaissance dans le cœur de vos enfans, et préparer ainsi leur dévouement futur pour la dynastie de Napoléon : vous pouvez donner une nouvelle existence morale à tout le nord, et ce service sera regardé comme très-éclatant, puisqu'il contribuera à maintenir la paix que les préjugés sociaux ou politiques de ses peuples tendent toujours à détruire.

Enfin, mes chers compatriotes, il n'est aucun

de ces sacrifices qui doive vous coûter, pour obtenir le droit de protection absolue de la France; droit qui à l'avenir deviendra infailliblement le garant de votre bonheur.

# PARTIE LITTÉRAIRE.

## CHAPITRE VI.

### RÉFUTATION DES OPINIONS DES ÉCRIVAINS, SUR LE GÉNIE, LE CARACTÈRE, LES SENTIMENS, LES LUMIÈRES DES POLONAIS, AINSI QUE SUR LEURS MOEURS ET SUR LEUR BRAVOURE.

Les écrivains modernes n'ont pas plus rendu justice aux Polonais, sous les rapports exposés dans ce chapitre, que sous ceux de la politique. Les uns ont prononcé d'une manière générale des jugemens contraires à la vérité ; les autres qui sont ceux des derniers tems, se sont plu en partie à montrer toute leur partialité et leur injustice, et l'on pourrait dire qu'ils l'ont fait avec une audace inexprimable. Cependant c'était d'eux que les Polonais auraient dû attendre de l'indulgence, puisqu'ils écrivaient dans le moment où l'on détruisait leur patrie, ou dans celui qui avait succédé à son anéantissement. Si le écrivains sont astreints à dire la vérité, sont-ils pour cela affranchis de la loi des ménagemens envers les nations infortunées, quand la génération que le sort a frappée, existe encore? Une loi suprême qui repose sur les convenances et sur la politique même, semble les condamner au silence, lorsque ce qu'ils ont à faire connaître, quoique essentiellement vrai, n'est pas jugé essentiellement utile aux nations contemporaines et à la postérité.

Mon intention a été d'abord de ne point répondre à ces écrivains, croyant que la gloire de la nation exigeait qu'on ne combattit point des adversaires semblables; mais considérant avec quelle légèreté la plupart des hommes, adoptent de nos jours des opinions exagérées, et dénuées même de toute vraisemblance, voyant combien l'ignorance publique chez tous les peuples favorise le système des détracteurs, j'ai pensé qu'en exposant leurs paradoxes, et en les réfutant, je préviendrais de nouvelles attaques de la part d'autres écrivains aussi inconsidérés, qui pourraient prendre les idées de ceux-là, pour type de leurs opinions. Cette précaution ne peut être regardée comme inutile, puisqu'il est reconnu que la compilation fait de nos jours la base de presque tous les écrits sur la politique ou les mœurs des peuples. On peut dire, sans craindre de s'abuser, qu'il n'en est pas trois qui aient eu la faculté de réfléchir mûrement sur les objets qu'ils traitent, ou qui aient eu assez de discernement dans leurs observations pour les rendre exactes et équitables.

Mais tout en citant les jugemens des écrivains partiaux, je n'ai point négligé de proclamer ceux des hommes qui, voyageurs ou politiques, ont mieux apprécié la nation. Je leur devais cet hommage; c'en est un, que de prouver qu'un historien a su respecter les autres et servir la vérité. En outre, leur opinion devait donner de l'appui à mes répliques, et servir à persuader l'Europe des droits qu'eurent les Polonais à l'estime générale, en ce qui concerne les sentimens naturels et la civilisation entière. On trouvera des contradictions manifestes dans quelques-uns des auteurs estimés, qui blâment une chose indiscrètement, tandis qu'ils en ont loué justement une autre. Mais que prouveront ces contradictions? sinon que le grand nombre des écrivains, sur-tout ceux de la France (1), observent mal, ou du moins

(1) Ces derniers écrivent l'histoire avec la même hardiesse et la même précipitation qu'ils emploient, lorsqu'ils écrivent un roman. Ils jugent les mœurs des nations étrangères d'après celles de leurs compatriotes, et tombent ainsi dans l'erreur lorsqu'ils n'envisagent point que ces mœurs sont toujours analogues aux climats, aux préjugés, aux idées primitives et aux anciennes institutions morales et politiques des peuples.

pas assez, et qu'avec la meilleure volonté et les intentions même les plus pures, on ne doit point se mêler d'écrire l'histoire d'un peuple, si l'on n'a la logique la plus profonde, si l'on ne sait trouver ses preuves dans les rapprochemens des objets, principalement si l'on ne veut point se donner le tems de s'instruire soi-même et de s'éclairer. On pourrait conclure de ces faits, par une application générale, que les jugemens portés sur les peuples ont été au moins équivoques, et qu'il serait à desirer que des écrivains doués de toutes les facultés de l'historien, cherchassent à analyser de nouveau les histoires et le caractère des nations; la politique y gagnerait, ainsi que la vérité et l'équité publique.

J'aurais pu faire une remarque plus directe et plus péremptoire, relative aux motifs politiques, en exposant toutes les erreurs des auteurs renommés qui ont écrit politiquement sur ce pays, et notamment celles de Frédéric II; mais je crois avoir réfuté leurs argumens d'une manière suffisante dans les chapitres précédens. Peut-être aussi aurais-je dû produire les passages des autres écrivains qui appuient mes observations au sujet de la politique; mais cela m'aurait entraîné trop loin: j'ai craint d'ailleurs de jeter de la confusion dans mon ouvrage. Je pourrai retracer leurs jugemens divers dans des notes, si le public accueille favorablement cet écrit.

Je vais donc m'attacher à faire connaître les qualités naturelles de la nation, et ce qui a rapport à sa vie privée, en réfutant les opinions contraires.

### MOEURS, CARACTÈRES, SENTIMENS.

Aucun des écrivains modernes n'a parlé d'une manière méthodique et approfondie des mœurs des Polonais; plusieurs d'entre eux les ont jugées sur de simples objets de nulle conséquence, et les ont regardées comme bizarres et comme étrangères à celles de l'Europe.

En parlant de leur constance inébranlable, qu'ils auraient dû louer au lieu de blâmer, aucun n'a fait entrevoir les causes de cette persévérance qui a été surprenante. La Pologne en effet est le seul pays de l'Europe qui se soit montré si invariable dans ses usages, dans son opinion, et qui ait tiré une force aussi grande de ces deux mobiles. On aurait dû montrer les causes de cette immutabilité dans l'isolement politique où se trouvait ce peuple relativement aux nations voisines, et au reste du continent, isolement qui prenait sa source dans la constitution même de la Pologne. L'état étant purement militaire, et cette situation étant naturelle à un peuple entouré d'ennemis qu'il contrariait, et qui, par cela même, étaient intéressés à l'attaquer et à le détruire, tout entraînait les Polonais vers l'exercice habituel des armes : d'après cela, les mœurs, les usages, les institutions, devaient être en rapport avec cette manière d'être. Le salut de la Pologne a dépendu long-tems de cette analogie entre l'état de gouvernement nécessaire, et ses mœurs. Les historiens, en parlant du défaut de civilisation, envisagé sous le point de vue moderne, c'est-à-dire, de la négligence qu'ont mis les Polonais à faire fleurir spécialement les sciences, les arts et l'industrie qui fournit les moyens de tirer parti des avantages que la nature, le sol et la position leur donnaient pour le commerce : ces historiens, dis-je, auraient dû découvrir le véritable motif qui porta les nobles à abandonner aux étrangers le commerce et les arts libéraux, excepté cependant en ce qui concernait les produits de l'agriculture : ce motif reposa sur la crainte qu'eurent les nobles de porter atteinte à leurs mœurs, d'affaiblir leur courage, et ils préférèrent la valeur aux richesses. Ce motif n'était-il pas louable de la part de la noblesse ? et l'Europe entière n'y eût-elle pas applaudi, si les écrivains eussent été assez prévoyans et assez justes pour le lui faire remarquer ? L'expérience a démontré l'efficacité de ce système, lorsque les Tartares, établis depuis cinq siècles en Lithuanie, méritèrent l'estime générale par une probité et des vertus égales à leur bravoure, et qu'ils ont conservées en se réglant sur le plan adopté par la noblesse polonaise. On a vu quelle a été l'influence de ce système sur les mœurs en général, sur celles du sexe en particulier, avant même la dernière révolution; ce système a fait naître dans les femmes ce patriotisme ardent qui leur a fait tout immoler à la patrie, et les a distinguées, sous ce rapport, de toutes celles de l'Europe, sans qu'elles sortissent pour cela de la ligne des devoirs que la nature et la société leur a prescrits. Je parlerai ailleurs en détail des mœurs des Polonaises; je combattrai l'opinion odieuse des écrivains qui les ont outragées; trop heureux si je puis rendre cette réfutation digne du respect dû à la nation polonaise, et imposé à tous ceux qui la connaissent!

On s'est plu à répéter, que les mœurs de ce peuple étaient barbares sous une infinité de rapports, sans considérer, en les envisageant sous celui des sentimens et même des usages, qu'elles sont analogues à celles de tous les peuples du nord. Que dis-je? il me sera aisé de démontrer qu'elles sont mille fois plus pures, moins bizarres, et infiniment plus éloignées de la barbarie que celle des Russes, sur lesquelles les écrivains, séduits ou abusés, ont gardé un si constant et si dangereux silence. Le système de la féodalité qui outrageait l'humanité dans la personne des paysans, est sans doute ce qui a pu faire regarder comme barbares les mœurs de la nation polonaise. Mais ce systême n'existe-t-il pas dans toute sa force en Russie? et n'était-il pas naguères le fondement de la constitution du Danemarck? Où est l'écrivain, où est le voyageur qui osera dire que depuis un siècle les Polonais en aient porté l'abus aussi loin que le font les Russes de nos jours? A-t-on vu en Russie beaucoup de seigneurs qui, comme un grand nombre de ceux de la Pologne, aient pris la noble résolution d'affranchir leurs esclaves (1)? Je dois dire encore au sujet de la

---

(1) C'est ici le lieu de parler du sublime bienfait exercé par l'empereur Napoléon envers le peuple polonais, lorsqu'en 1807 il anéantit l'esclavage dans le duché de Varsovie : c'est ici, où comme homme, je dois m'humilier devant le protecteur de l'humanité, et où, comme Polonais, je dois proclamer la reconnaissance que doit inspirer à mes compatriotes, un acte glorieux dont l'histoire n'offre point d'exemple. Un tel bienfait a relevé la puissance morale de la nation; sa générosité naturelle en a été excitée; on peut présager avec assurance que les générations futures, partageant ce bonheur, le plus grand dont puisse jouir un peuple, réuniront leurs hommages à ceux de leurs pères qui les premiers l'ont reçu de leur libérateur, et que leur reconnaissance sera éternelle.

féodalité, que les différens historiens et le roi Stanislas Lescynski lui-même ont regardée comme existant généralement en Pologne, qu'il y a des districts entiers de *la Samogitie*, une partie du palatinat de *Kiow* (formant plus de deux mille lieues carrées), où il ne se trouve pas un seul serf de la Glèbe; il en est de même des domaines qui constituent en quelque sorte celui de la couronne, tels que les *Starosties*, les *Advocaties*, les *Tenales*, ainsi que de tous les biens qui appartiennent à la couronne.

Mais ne parlons plus de ces rapprochemens divers dont l'indication suffit pour porter avec eux la plus intime conviction, et examinons l'opinion des écrivains sur les mœurs privées, le caractère et les sentimens des Polonais.

Je produirai d'abord celle du roi Frédéric II, qui a porté la plus forte atteinte à la gloire morale de mes compatriotes. Elle se trouve consignée dans ses mémoires des années 1775 et 1778.

« On aura peine à croire qu'un tailleur était un « homme rare dans ces contrées. On ne savait ce « que c'était que l'éducation dans ce malheureux « pays; aussi les Polonais étaient-ils sans mœurs « comme sans connaissances ». Ce prince dit dans « un autre endroit de ses mémoires : « Les Polonais

» qu'il faut considérer comme la nation la plus » légère et la plus frivole de l'Europe, etc. etc. ».

On pourrait dire avec raison que le roi de Prusse ignorait l'art de l'observation, et l'on pourrait accuser son jugement, s'il était possible de penser qu'il fût désintéressé relativement à l'opinion, qu'il émettait au sujet des Polonais, puisqu'il ne s'appuyait d'aucune preuve : mais on a un plus fort argument pour le combattre, c'est que les considérations politiques seules l'ont pu porter à dégrader satyriquement ce peuple, pour lequel il devait conserver une sorte de respect intérieur.

Voici à présent ce qne dit l'abbé Desfontaines *dans l'histoire de ses révolutions de Pologne*. Cette réfutation tient à la politique : je n'ai pas dû cependant la passer sous silence, puisque l'opinion de l'historien attaque les sentimens de la nation, et puisqu'elle mérite le dernier reproche que je viens de faire à celle d'un célèbre monarque.

« C'est ce peuple toujours inconséquent dans » sa conduite, toujours prêt à rejeter le souverain » qu'il a choisi, toujours protestant contre les » meilleurs établissemens, qui est cause que les » trois puissances alliées ont mis fin à toutes les » discussions, en sapant ses constitutions dans » leurs fondemens, et en envahissant ses pro» vinces ».

Je répondrai d'abord à la dernière idée.

Peut-on avancer un paradoxe semblable? l'intérêt de ramener le calme en Pologne a t-il pu déterminer son démembrement?

La Russie sur-tout, a-t-elle donné des exemples de magnanimité et de justice assez grands envers les nations limitrophes, pour qu'on puisse croire que ce motif ait pu les diriger? En supposant que l'étranger ait le droit de s'immiscer dans les décisions d'un peuple, et de devenir l'arbitre de son sort, qu'un plénipotentiaire expose des motifs et des raisons semblables dans un discours diplomatique, que ces raisons servent de base à un manifeste qui doit voiler ceux d'un envahissement, cela est dans l'ordre; mais qu'un historien veuille couvrir ainsi l'ambition d'une puissance usurpatrice; c'est le triomphe de la vénalité ou de la mauvaise foi. Quant à ce que dit le même auteur relativement à la dépossession ou à l'exclusion du trône de plusieurs rois par la nation, j'ai déjà exposé dans le précis historique les motifs qui déterminèrent ces mesures. Je dois ajouter ici, que l'anarchie n'exista dans l'état que lorsque les Polonais ne purent plus s'entendre, et j'observerai que l'historien est tombé dans une faute trop commune à ses pareils, lorsqu'il parle des nations, et que cette erreur est désastreuse, puisqu'elle les compromet injustement; n'est-ce pas même une erreur grossière de confondre le peuple entier avec quelques hommes intéressés au désordre et à l'anarchie?

Si l'abbé Desfontaines a mérité cette application défavorable, il s'est montré plus juste lorsqu'il s'est agi de la bravoure des Polonais : je citerai son opinion à cet égard, lorsque je reproduirai celle des autres écrivains qui ont voulu ravir à mes compatriotes cette énergie et ce courage qui les caractérisent.

Examinons comment l'auteur très-moderne de l'*observateur en Pologne* (1) a jugé la nation sous les rapports du caractère et des mœurs. Voici un de ces passages, où sa plume répand à grands flots le fiel sur les Polonais, il dit : « l'habitude de la » dépendance plie le caractére à la soumission, » à la flatterie, à la bassesse et à la fourberie. » L'usage du pouvoir le forme à l'orgueil, à l'am- » bition, à la cruauté, et les Polonais passant par

(1) Il a été question des opinions de cet écrivain dans les chapitres précédens. Je dois m'attacher particulièrement à lui, parce qu'il est entré dans de très-grands détails, afin de donner l'appui de la preuve à ses observations, et parce qu'il a répété l'opinion des autres détracteurs.

» ces deux états, réunissent souvent tous les vices » qu'ils inspirent ».

On voit que M. Vautrin persiste dans son systême de dégradation absolue. Avant de le réfuter par l'opinion d'écrivains plus recommandables, j'attaquerai la fausseté de son argument, et il me sera aisé d'en détruire l'application.

Il a été reconnu qu'un systême d'égalité parfaite existait parmi la noblesse, et que ce corps, qui représentait la nation, le seul que les écrivains, et notamment M. Vautrin, attaquent, ne pouvait par cette raison être sous aucune dépendance. L'habitude ne pouvait donc être générale, et elle n'a pu devenir la source des vices dont il signale l'existence. Si l'auteur a vu en Pologne quelques petits nobles asservis aux caprices des puissans, parce qu'ils leur devaient leur fortune, ou l'attendaient d'eux, il n'a pu faire l'application à la nation entière. On peut détruire son premier argument par le second qu'il produit. En supposant cette noblesse orgueilleuse et remplie d'ambition, n'anéantit-il pas l'idée de dépendance à laquelle ces sentimens sont entièrement opposés ? Quant aux effets de l'usage du pouvoir, ils ont pu être réels à l'égard de quelques hommes, l'appas de la domination a pu exciter l'ambition et l'orgueil de ces derniers ; mais j'ai prouvé historiquement que la nation n'avait montré en aucune circonstance une ambition extrême : je dis la nation, et ceci est applicable à ses membres divers; car si l'ambition animait la majorité des Polonais, l'Europe s'en serait évidemment ressentie, puisque par leur réunion en *diète*, ils pouvaient déterminer toutes les mesures de gouvernement. Mais ce sentiment fut très-limité chez ce peuple, et l'inculpation de *cruauté* est aussi absurde, lorsqu'on a vu qu'il ne l'avait jamais exercée même envers ses tyrans, lorsque la constitution de l'état le rendait arbitre de leur vie.

Citons un autre passage du même écrivain, concernant le caractère des Polonais, et que le délire seul a pu tracer. C'est dans ce chapitre qu'il dit : « On trouve dans le caractère polonais les » mêmes nuances qu'on a remarquées dans celui » des Persans, des nègres et des insulaires de la » mer du Sud ».

Qui aurait pu s'attendre à une comparaison semblable ? Peut-on mettre sur la même ligne, quant au caractère et aux passions qui en sont l'effet, les nègres et les sauvages qui ne se régissent par aucunes lois, que celles de leur volonté, et qui sont dans un état absolu de barbarie, et une nation moderne et civilisée? Comment les Persans se trouvent-ils assimilés à ces premiers, eux qui, malgré les désordres nés de l'anarchie de leur royaume, sont reconnus pour être plus éclairés que les Turcs, et plus près de la civilisation que ces derniers ? en outre, quel rapport ont les nègres et les sauvages avec cette bravoure extrême qui fait le fondement du caractère des Polonais ?

Je vais exposer l'opinion de M. Vautrin au sujet de cette bravoure. Son erreur ou sa partialité à cet égard offrira de nouveaux traits de lumières qui éclaireront ses autres opinions. Il dit : « le Polonais n'est hardi et courageux que « dans l'ivresse ; hors de là, il est timide, il craint « la douleur, et sacrifie souvent à la peur ».

Sans m'étayer ici de l'opinion des voyageurs ou des écrivains qui ont exalté le courage des Polonais, opinion que je ferai cependant connaître, et sans recourir à l'histoire, qui démontre qu'ils furent une des nations les plus valeureuses de l'Europe, je ne ferai qu'une interpellation aux armées de la France, c'est à elles qu'il est réservé de détruire par leur témoignage glorieux, les assertions aussi imprudentes que calomnieuses de l'*observateur en Pologne*. N'ont-elles vu mes compatriotes au champ d'honneur qu'au *sein de l'ivresse* ? et les ont-elles vu sacrifier à la peur en face de l'ennemi ? Cette valeur que Mr. Vautrin a voulu mettre en problême, a fixé pour jamai l'admiration de l'Europe. Ce que je dois observer en appliquant cette idée à l'écrit de Mr. Vautrin, c'est qu'il paraît inconcevable qu'un écrivain ose heurter à ce point l'opinion générale, et qu'il s'élève contre des preuves multipliées depuis si long-tems. Il paraît bien plus surprenant que nul critique ne se soit élevé contre de telles assertions. Les écrivains polonais n'auraient-ils pas dû envisager que ce silence suppose l'injustice, et peut nuire à la politique du gouvernement?

Je dois relever ici les assertions de l'écrivain Méhée, dont Mr. Vautrin a imité l'audace mensongère (1); elles ont rapport au point d'hon-

---

(1) On ne pourrait s'imaginer, si Mr. Méhée et Mr. Vautrin n'en eussent donné l'exemple, que des écrivains cherchassent jusques dans les propos et la conduite d'un comédien, d'un valet ou d'un mauvais sujet, des motifs pour déprécier une nation. C'est cependant ce que fait principalement Mr. Méhée, lorsque, pour avilir le militaire polonais, il cite le discours d'un comédien, qui dit que, *mécontent de son état, il allait se faire officier*. L'auteur aurait du savoir que l'orgueil anime les comédiens de tous les pays. Ce propos n'a pas pu nuire davantage à la dignité du militaire polonais, que celui que tint Vestris le père, en s'assimilant à un grand prince et à un grand écrivain. Le propos de Vestris ne nuisit ni à la dignité de l'écrivain, ni à celle du héros auquel il s'associait. Je ferai à Mr. Méhée une

neur. Ces messieurs regardent encore, en ce cas, la valeur des Polonais comme douteuse ; *ils prétendent que ceux-ci sont toujours prêts à refuser le duel.* Le contraire est généralement reconnu. Mr. Vautrin veut appuyer leur commune opinion, en citant le duel de Rzewuski et de Koslowski : *il dit qu'il n'aurait pas eu lieu, si les deux personnages n'eussent craint d'être exposés au mépris de la noblesse étrangère dans leurs voyages.* Voici ce qui se passa au sujet de ce duel, et l'on jugera si la considération de l'estime de la noblesse étrangère pouvait porter les deux adversaires à tant d'acharnement. J'observerai d'abord à Mr. Vautrin qu'il a fait, sans s'en douter, l'éloge des Polonais : la considération dont il parle honorerait sans doute leur caractère, puisque celui qui peut craindre le mépris des autres, est près de la vertu, et posséde la noblesse de l'ame.

Les deux gentilshommes se battirent trois fois, et Koslowski fut blessé. Les Polonais dont il s'agit ont été peut-être trop connus en Angleterre et en

---

réplique que l'importance de l'objet commande ; c'est que les circonstances prouvent la fausseté de ses assertions, lorsqu'il a dit que les Polonais étaient les ennemis des Français.

France au sujet du point d'honneur, et ils ont laissé dans ces deux pays des traces funestes de leur susceptibilité à cet égard. J'opposerai bientôt aux idées hasardées de ces messieurs, celles des écrivains impartiaux. Je ne me suis point étendu à ce sujet, pour ne pas répéter leurs idées, et notamment celles où Mr. Malte-Brun venge très-bien à cet égard la nation polonaise. Je ferai une dernière observation à l'égard des deux duellistes; c'est que, leur lâcheté étant même prouvée, cet exemple unique n'aurait pu rien offrir de concluant à l'égard de la nation entière. En est-il une seule qui ne fût couverte de mépris, si on la jugeait d'après la lâcheté ou les vices, non seulement de deux, mais d'un très-grand nombre d'individus à qui ces vices sont familiers dans quelque pays que ce soit?

J'ai dit que je produirais l'opinion de Mr. Vautrin relativement aux mœurs, et celle qui concerne les femmes. Voici ce qu'il dit des mœurs.

« Dans les sociétés polonaises, un vaivode se » comporte en sénateur, un général en commandant, un légiste en pédant, un seigneur en souverain, le gentilhomme servant en valet, et le » pauvre en esclave. Les femmes s'y ressentent » de l'infériorité de leur sexe et de la soumission » légale qu'elles doivent à leurs maris. En un

» mot, personne n'y trouve son égal, ou du
» moins n'oserait en prendre le titre : les manières
» doivent tenir par conséquent du despotisme et
» de la servitude ; elles n'ont rien de cette déli-
» catesse de goût, de cette politesse qui sied si
» bien à la noblesse, qui favorise la communica-
» tion des esprits, en suspendant la gêne, la
» morgue, les accès rebutans de la supériorité,
» et la barbarie du mauvais goût ».

Voilà un portrait dont le modèle pris dans son ensemble n'existe pas dans l'univers, mais qui ne serait pas sans copies dans nombre de ses détails, s'il était vrai. Je ne chercherais pas son pendant bien loin de la Pologne ; car la Russie l'offrirait pleinement, excepté cependant en ce qui a rapport aux femmes : celles de la Russie, bien loin *de sentir l'infériorité de leur sexe et la soumission légale qu'elles doivent à leurs maris*, gouvernent la société dans ce pays. Mr. Vautrin se serait-il abusé ? aurait-il voulu peindre dans ce passage les Russes, et non les Polonais ? Je ne releverai point les erreurs du portrait, je laisse ce soin aux écrivains que je dois bientôt citer ; mais je ferai remarquer l'incohérence qui se trouve dans la comparaison authentique de ce passage. Pourquoi un vaivode, qui est égal au sénateur et possède souvent ce titre, marquerait-il sa supériorité en l'imitant? Quel ton différent peut avoir le sénateur du vaivode, et le général du commandant? et comment un seigneur qui est vaivode, ou sénateur, ou castellan, ou staroste, pourrait-il prendre celui du souverain au milieu de ses pareils? Au surplus, Mr. Vautrin aurait dû savoir qu'en se récriant contre la supériorité que prennent les grands de tous les pays, il jugeait ceux-ci; n'a-t-il pas lu dans l'histoire de la noblesse d'Allemagne, dans celle de l'Espagne, de l'Italie, et même de l'ancienne France, qu'elle portait par-tout la gêne dans la société? que la morgue et *les accès de la supériorité* y régnaient? et que la politesse naturelle, celle qui naît de l'égalité et de la franchise, ne s'y montrait pas plus qu'en Pologne, et peut-être beaucoup moins?

On voit combien un écrivain inconsidéré peut donner lieu à diverses applications : le plus souvent il fait la critique de la nation qu'il veut servir, en l'exposant à être mise en parallèle avec celle qu'il décrie. Je ferai ici une observation essentielle au sujet des écrivains qui traitent l'histoire ou décrivent les mœurs d'un peuple; c'est qu'en général ils ne se dépouillent pas assez des préjugés et des habitudes de leur pays : voilà la source de tous leurs jugemens erronés. Quant aux usages, ils ne considèrent point qu'ils sont et doivent être toujours analogues au climat.

Voici comment un Français (c'est toujours Mr. Vautrin) à qui la galanterie naturelle à sa nation aurait dû seule engager à garder le silence sur le compte des femmes polonaises, juge ces dernières.

« Les femmes polonaises ne sont point formées » à cette retenue dans les propos, à cette délica- » tesse qui s'offense de la moindre liberté, à cette » décence de maintien, à cette ignorance vraie » ou fausse des plaisirs défendus, en un mot à » cette gêne qui fait imaginer aux jeunes filles » tant de finesse pour couvrir l'état de leur cœur : » le rouge de la pudeur est un fard qu'elles ne » connaissent pas : elles sont instruites de bonne » heure par les hommes qui les entourent, et qui » se permettent sans conséquence des paroles et » des gestes bannis de la bonne compagnie. Ac- » coutumées à des discours qu'une Française bien » née n'entend pas une fois dans sa vie, elles por- » tent parmi les étrangers une franchise licen- » cieuse : elles veulent paraître entendre une équi- » voque ; elles font connaître sans détour le goût » qu'elles ont conçu pour eux ; elles croient n'être » que polies, et elles se font prendre pour des » femmes faciles ou communes : ce moyen d'at-

» tirer les hommes est peut-être la cause qui leur » fait négliger les graces ; elles ont un air décon- » tenancé, des mouvemens gauches et rudes, un » grand pas lourd, des regards assurés qui fe- » raient baisser les yeux au plus libertin : aucun » art pour cacher leurs défauts. En général, les » femmes n'ont pas autant de dispositions que les » hommes pour les manières françaises. Cette » vivacité d'enjouement si attrayante, qui devient » gravité imposante devant la licence ; cette liberté » de mouvemens, toujours dirigée par les grâces » et animée par le plaisir; cette disposition de l'es- » prit à saisir promptement les rapports les plus » agréables des choses ; enfin, ce je ne sais quoi » qui soumet aux caprices de Roxelane les lois de » l'empire ottoman, est le partage exclusif des » Françaises. Quoique les femmes polonaises aient » contr'elles les apparences, on peut assurer » qu'elles sont généralement vertueuses : si les » paroles grossières n'alarment point leur pudeur, » elles ne produisent point dans leur imagination » le trouble que semblent redouter les cœurs » corrompus. Une d'elles voulant faire montre de » savoir en présence de la cour, où l'on parlait » de plantes rares, dit ingénuement qu'on lui » avait envoyé d'Allemagne, dans une bouteille, » du *semen hominis*. Cette femme aurait été

» perdue de réputation et de ridicule dans une cour » plus polie : à Varsovie, il n'y eut qu'un jeune » courtisan et une vieille prude qui en rirent ».

Ailleurs il dit, en ridiculisant l'éducation des femmes en Pologne :

« C'est à cet usage pernicieux qu'il faut attri- » buer l'extrême rareté des femmes bien faites ; » on n'en trouverait pas une dans les grandes » maisons, etc. »

(1) Que répondre à une diatribe semblable ? Le

---

(1) Voici quelques idées tirées de *l'histoire de M. Williams sur les gouvernemens du nord*. Ce qu'il rapporte vient sous plus d'un rapport à l'appui de ce que j'ai dit en faveur des Polonaises. Cet auteur, en avouant qu'elles *sont belles et bien faites*, les distingue des autres femmes de l'Europe ; il dit qu'elles ont une vigueur de sentimens et une force de caractère qui doit nécessairement les faire contraster avec celles des autres nations, dont la mollesse dirige la vie, et qui, au milieu de tous les agrémens de leur sexe, en montrent toute la faiblesse. D'après les idées de l'écrivain anglais, on pourrait les comparer aux anciennes Grecques ou Romaines qui ont fait l'honneur de l'univers, plus encore par leurs vertus héroïques que par leur beauté.

Nous allons examiner ses expressions.

« Les femmes sont belles et bien faites ; mais elles » n'ont pas cette délicatesse de traits qui fait le charme » du plus grand nombre des femmes : la constitution et » les mœurs guerrières au milieu desquelles elles vivent, silence serait peut-être nécessaire; seul, il pourrait venger les Polonaises : cependant je crois devoir faire quelques observations relatives aux assertions de l'auteur. En disant *que les Polonaises manquent d'art pour cacher leurs défauts, et d'expérience pour dissimuler les sentimens qu'elles éprouvent*, il croit leur faire le plus grand tort : mais ne peut-on pas affirmer avec vérité que cette perfection de l'éducation française qu'il exalte, est un vice effrayant pour la société, qu'il vaudrait mieux détruire qu'encourager? Je préfère la simple ignorance de mes compatriotes, la franchise et la naïveté de leurs discours : l'abandon in-

---

» leur ont inspiré une sorte de courage militaire que n'a
» pas le sexe des autres contrées. Il n'est pas rare qu'elles
» donnent des preuves éclatantes de bravoure : elles
» aiment la liberté et l'indépendance comme les nobles ;
» leur ame a de la fermeté, et elles sont d'un tempéra-
» ment robuste. On n'en voit guères qui soient incom-
» modées par des vapeurs, ou par ce qu'on appelle
» *maladie des nerfs* : malgré leur liaison depuis un
» siècle avec la France, elles mettent peu de rouge : la
» nature leur ayant accordé un beau teint, elles n'ont
» pas besoin d'emprunter le secours de l'art pour em-
» bellir leurs figures ».

Cet auteur aurait pu me fournir d'autres autorités, sur-tout dans la partie politique ; mais j'ai accumulé tant de citations, que je crains de fatiguer le lecteur.

nocent de leur maintien, loin de les entraîner à la licence des mœurs, en atteste plutôt la pureté, *que la réserve calculée et la feinte circonspection* auxquelles Mr. Vautrin paie un si grand tribut d'admiration. Je n'oppose que la vérité à son systême, en assurant qu'elles ne se servent pas *du fard de la pudeur*, et ne savent pas *rougir de ce qu'elles ignorent.*

Quant aux regards hardis des Polonaises, qui, d'après l'expression de *l'Observateur en Pologne*, doivent *faire baisser les yeux aux plus libertins*, cette accusation tombe d'elle-même, comme évidemment calomnieuse. Au reste, on peut dire de mes compatriotes, que si elles effarouchent les regards du vice, elles ont su fixer ceux de la vertu. Je remarquerai, au sujet des manières indécentes que Mr. Vautrin leur attribue, que la réponse déplacée d'une femme sans mœurs ou sans usage, ne peut établir une règle générale, et déterminer les sentimens ou le caractère de la nation.

A l'égard de l'éducation des femmes en Pologne, je dirai qu'elle est généralement très-soignée : celle que l'on donne en France peut seule lui être comparée. Le trait fin et léger de l'esprit des Françaises, et la grace ravissante de leur enjouement, ne sauraient les placer au-dessus des Polonaises;

elles sont savantes sans affectation, et instruites sans pédantisme : le goût qui les porte à l'étude des arts, ne dérobe rien à leurs devoirs ni aux soins domestiques de leur maison : elles sont essentiellement bonnes mères, tendres épouses, patriotes zélées, capables de tous les sacrifices pour la patrie, méprisant les hommes qui n'ont pas acquis au champ d'honneur des droits à la reconnaissance nationale. C'est au sein de leur famille que l'on ressent toute l'admiration due à leur caractère, quoique leur conversation offre peut-être moins d'agrément que de ressources.

Ce portrait de mes aimables compatriotes est le même qu'ont tracé les écrivains qui les ont bien connus, et je ne fais que rapporter ici leurs idées et leurs opinions.

Estimables Polonaises ! j'ai tracé faiblement vos droits aux hommages des étrangers et à ceux de vos compatriotes ; mais j'abandonne à la patrie reconnaissante le soin d'ajouter à cet éloge : elle seule peut offrir une récompense à vos vertus, et parer vos fronts d'immortelles couronnes ; elle vous doit des héros, et attend de vous des fils qui, volant au premier cri de l'indépendance sous les étendards qu'ils doivent aux bienfaits de Napoléon et s'affranchissant du joug qui les accable, achèvent d'être libres, éternisent leur gloire et leur amour pour le libérateur de la Pologne.

Il serait fastidieux pour le lecteur de connaître toutes les opinions de l'écrivain toujours partial, toujours injuste, que je viens de réfuter, et qui n'a rien dit de raisonnable, que lorsqu'il a copié exactement, dans les derniers chapitres de son écrit, qui traitent du gouvernement, des finances et de la religion, l'ouvrage estimable de Mr. *Wilohorski*, le même à qui J. J. Rousseau offre un tribut public d'estime, et dont il exalte les talens dans son écrit sur la Pologne. On connaît les erreurs de Mr. Vautrin, en ce qui concerne les mœurs et les sentimens de la nation; elles sont les mêmes pour tous les objets qui ont rapport à la manière de vivre et à la magnificence de la société. Je serai forcé de parler encore de son ouvrage, lorsqu'il s'agira des sciences, des arts et des lumières des Polonais.

Je citerai cependant ici un passage de son livre où il se juge lui-même. Il a déclaré plusieurs fois que *les Polonais étaient plongés dans la plus grande barbarie*, puisqu'il les a assimilés aux *nègres* et aux *sauvages*, et qu'ils étaient sans *mœurs* et sans *vertus*, tandis que dans un endroit de ses ouvrages, il reconnaît que *les vertus tiennent essentiellement à l'état de barbarie*. Voici ses expressions.

« C'est chez des peuples nomades ou barbares » qu'on doit chercher l'innocence et la simplicité » des mœurs : toute l'antiquité dépose en leur » faveur ».

Cette contradiction est palpable : elle réfute l'un des deux argumens de l'auteur, soit relativement à ses lumières, soit relativement à sa civilisation.

Je ne puis quitter cet écrivain ; la raison et l'indignation me forcent sans cesse à lui répondre. Il est dans son ouvrage nombre d'inculpations moins importantes que celles que j'ai retracées, mais qui ont le même but de la part de l'auteur, et la même conséquence à l'égard du public : dans leur nombre, je citerai le reproche de crédulité qu'il fait aux Polonais au sujet de *Cagliostro*. J'observerai à ce sujet que Mr. Vautrin aurait dû se taire, en considérant que son application était faite aux Français. Ce célèbre charlatan eut-il nulle part plus de partisans et plus d'influence qu'en France ? ne l'a-t-on pas vu jouer à Paris, au milieu d'une cour brillante et éclairée, le rôle de prophète, être préconisé par la noblesse la plus distinguée, et faire des dupes parmi les personnes les plus marquantes ? Sans doute il ne faut pas attaquer la crédulité polonaise, lorsqu'il est réconnu que les charlatans en tout genre n'avaient point de théâtre plus favorable que Paris. Les lecteurs verront encore ici l'imprudence de *l'Observateur en Pologne* : il donne ainsi aux étrangers les moyens de critiquer sa propre patrie, et cette critique est justifiée par la nécessité où ils se trouvent de sauver leur honneur.

Parmi les écrivains qui ont cherché à renverser la gloire morale des Polonais, je pourrais citer Voltaire; mais l'analyse de ses opinions et leur réfutation deviendraient inutiles. On connaît l'inconséquence de cet écrivain, lorsqu'écrivant l'histoire, il prenait pour seul guide son imagination, de même qu'il le faisait, lorsqu'il composait un poëme. D'ailleurs, l'univers sait qu'il sacrifiait la vérité et la justice au besoin de flatter ceux d'entre les rois que son intérêt ou son amour-propre le portaient à préconiser. Catherine II fut l'objet de son admiration : pouvait-il donc être équitable envers les Polonais que la czarine avoit voués à leur perte?

Je ne dois pas passer sous silence les outrages exercés contre mon ancienne nation, dans un écrit publié récemment, sous le titre de *Mémoires de la princesse Vilhelmine de Prusse.* J'observerai à l'égard de cet ouvrage, dont la publication porte atteinte à la gloire du grand Frédéric, qu'il signale sur-tout le mauvais jugement de la princesse, puisqu'en attaquant la cour de Pologne, elle a paru oublier que cette cour était celle de Saxe; que les vues et les ridicules qu'elle lui prêtait, devenaient en quelque sorte ceux des autres cours de l'Allemagne, et même de celle de Berlin à laquelle on pouvait les appliquer. Mais il est vraisemblable que cet écrit est apocriphe : on n'a donné aucune preuve que ces mémoires fussent réellement ceux de la margrave de Bareith : en supposant qu'elle eût composé cette histoire de sa famille, on pourrait soupçonner avec raison que ce qu'elle dit de désavantageux pour les Polonais, ainsi que le portrait infidèle et inconvenant qu'elle fait de Pierre I^er^. lorsqu'il passa à Berlin, a été ajouté par les éditeurs allemands, qu'on peut accuser de s'être réglés sur le système de diffamation des peuples et des rois, système que trop d'écrivains modernes ont malheureusement adopté.

J'ai cité plusieurs d'entre les écrivains qui ont diffamé la Pologne; je voudrais connaître tous ceux qui ont suivi leur exemple, afin de pouvoir leur répondre; mais le public envisageant la nullité des raisons qu'ils ont alléguées, ou les motifs de leur injustice, jugera qu'il me serait également facile de les réfuter. Au reste, la réplique suffit pour tous, puisque les écrits dont je ne parle point sont évidemment calqués sur ceux que je combats : c'est la méthode désastreuse des historiens de ce siècle, qui ( je crois l'avoir déjà remarqué ), au lieu d'observer et de juger avec connaissance de cause, adoptent les opinions et les préjugés de leurs prédécesseurs, et ne se montrent conséquemment qu'avec partialité et injustice. Cette observation a pour fondement une preuve frappante; c'est celle qu'offrent les divers ouvrages sans cesse répétés sur la Russie. Les opinions de Voltaire et la plume des écrivains vendus à cette puissance, voilà les causes pour lesquelles la Russie est en ce jour moins connue du public, que ne le sont la Chine et le Japon.

Je ne dois point oublier, avant de terminer la nomenclature des détracteurs de ma patrie, de désigner les assertions du baron *Bichfeld*, qui a avancé en termes précis, dans ses *Constitutions politiques*, tom. 3, pag. 633, *que la grande sagacité des Polonais consiste dans l'adresse avec laquelle ils élèvent les ours*. Le mépris et le silence doivent seuls répondre à une assertion où la justice, la vérité et le bon sens sont également foulés aux pieds.

Je vais maintenant exposer l'opinion des écrivains qui ont rendu justice à la Pologne : voici ce que dit l'abbé Goyer dans son *Histoire de Sobieski*.

« Les voyageurs éprouvent en Pologne que les » bonnes mœurs valent mieux que les bonnes lois. » La quantité de forêts, l'éloignement des habi- » tations, la coutume de voyager la nuit comme » le jour, l'indifférence des starostes pour la sû- » reté des routes, tout favorise le vol et l'assas- » sinat; dix ans en montrent à peine un exemple. » La Pologne possédait déjà cette partie de bonnes » mœurs avant de recevoir le christianisme ».

Cette citation est-elle positive, et ne réfute-t-elle pas puissamment ce qu'on a dit au sujet des vices de la nation ? N'est-il pas prouvé, par l'exemple de tous les peuples, que le crime, surtout celui de l'assassinat, est toujours chez eux l'effet des vices ?

Voici d'autres passages du même auteur, non moins concluans, sur d'autres objets.

« Les femmes sont singulièrement agréables » dans la société ; elles disputent la chasse aux » hommes : moins délicates et plus hardies que » les beautés du midi, on les voit faire sur la neige » cent ou deux cents lieues en traineau, sans » craindre les mauvais gîtes ni la difficulté des » chemins ».

La première phrase de cet article répond sans doute aux assertions de Mr. Vautrin sur l'amabilité et les grâces des Polonaises ; et par le second, Coyer prouve, ce que j'ai déjà observé, qu'elles réunissent le courage et la force du caractère aux brillantes qualités de leur sexe.

L'auteur s'exprime ainsi dans un autre endroit de son livre : « Les Polonais naissent soldats : » quoiqu'ils ressemblent moins aux Sarmates leurs » ancêtres, que les Tartares aux leurs, ils en con- » servent pourtant quelques traits ; ils sont francs » et fiers ; ils chérissent l'hospitalité, vertu qu'ils » ont apprise des Turcs ».

On voit que Coyer, au lieu de dégrader la nation, reconnaît en elle des sentimens nobles et des vertus de caractère. Ce qu'il dit de l'adoption de l'hospitalité est très-honorable pour les Polonais ; c'est un caractère distinctif qui les assimile aux nations distinguées de l'antiquité.

Coyer offre une autorité puissante en faveur des vertus guerrières de ce peuple, puisque presque tous ses souverains ont été polonais. Il dit : « Si l'on n'admire que les vertus guerriéres, » la Pologne a eu autant de grands princes qu'elle » a eu de souverains ».

Je dois citer une opinion du même écrivain,

qui attaque le goût de la nation au sujet des arts, ainsi que son peu de lumières. La voici.

« Les Polonais n'ont point d'école de peinture ; » l'architecture y est dans l'enfance ; ils n'ont » point de théâtre ; l'histoire y est traitée sans » goût ; les mathématiques y sont peu cultivées, » et la saine philosophie presque ignorée ».

Je prouverai que cet article est inexact, lorsqu'il sera question du génie et des lumières scientifiques des Polonais. Quant à ce qui concerne la philosophie, Coyer avait la preuve du contraire dans l'existence du système de tolérance religieuse, dont j'ai démontré la réalité, et qui indique évidemment l'existence de la philosophie d'un peuple. Cette tolérance n'eût-elle eu lieu qu'un instant dans ce pays, elle offrirait encore une preuve suffisante. Dans l'article suivant, relatif à un autre écrivain, je prouverai que ce système fut permanent en Pologne, jusqu'à ce que la politique étrangère y montrât son influence toute-puissante et tendît à l'anéantir.

Plusieurs autres preuves que j'ai fait entrevoir ailleurs, se trouvaient dans la conduite du peuple polonais envers ses princes, et sur-tout dans la résistance opiniâtre qu'il fit aux vœux des papes, lorsque ces derniers voulurent les faire servir à leurs passions ambitieuses. L'existence de la servitude des paysans peut justifier en quelque sorte cette assertion de l'auteur ; mais j'ai fait remarquer ailleurs que la politique s'opposait à leur affranchissement : je reproduirai cette idée, et je l'étayerai bientôt de l'opinion de J. J. Rousseau. Je puis répondre à Coyer, au sujet du peu d'encouragement qu'on a donné en Pologne à plusieurs des beaux arts ( la même réplique servira pour ceux qui ont avancé qu'il n'existait aucune véritable magnificence dans ce pays ), que le luxe et l'épicuréisme auxquels la plus grande partie des beaux arts et nombre des arts libéraux doivent leur naissance et leur lustre, n'ont pu s'y établir. Le territoire étant sans cesse attaqué ou menacé, aucune propriété n'était assurée : la nation était presque toujours armée ; elle ne pouvait penser à ses plaisirs : ni l'égoïste, ni le sibarite, ne pouvaient se livrer à leur penchant, puisqu'aucun ne pouvait s'affranchir de voler au combat : il fallait abandonner ses jouissances particulières, et quitter sa maison sans avoir l'espoir de la soustraire à l'ennemi qui, dans un territoire ouvert de toutes parts, pouvait à chaque instant s'en rendre maître. Voilà aussi ce qui arrêta l'élan du commerce en Pologne ; voilà ce qui a fait que la noblesse n'a pensé qu'à ses champs, à ses bestiaux et à ses chevaux, et a abandonné tout autre commerce aux Allemands, Juifs, Arméniens, etc.

Mr. Villers, dans un article de son ouvrage, intitulé : *Essai sur l'esprit et l'influence de la réformation de Luther* (1), ainsi que M. Malte-Brun, dans son *Tableau de la Pologne*, attaquent le systême de tolérance dont je viens de parler, et dont les Polonais présentèrent le bel exemple à l'Europe : ces écrivains n'envisagent point les causes des évènemens qui portèrent un instant atteinte à ce systême, et je suis forcé de rapporter leur opinion, et de leur faire des observations dans lesquelles je montrerai les véritables causes de ce changement dans les idées et le systême religieux de ce peuple.

Les deux auteurs reconnaissent que la *loi fondamentale de la tolérance* fut consacrée par plusieurs diètes, et M. Malte-Brun ajoute avec raison qu'elle *fut confirmée par le serment* de chaque nouveau souverain (2). M. Villers dit que

(1) Cet écrit a été couronné par l'institut national de France.

(2) La tolérance religieuse, je dois le répéter, a existé en Pologne depuis le quatorzième siècle. On y vit, dès cette époque, les synagogues, les mosquées, les temples protestans, à côté des églises catholiques.

les catholiques ainsi que les dissidens *vécurent en paix, et se comportèrent avec une douceur exemplaire, jusqu'à ce que Charles XII eût envahi la Pologne;* et il observe que les dissidens devinrent dès ce moment une partie politique, parce que ce prince était luthérien, et parce qu'il avait cherché à se les attacher. Il cite le désordre qui naquit alors en Pologne, les divisions qui éclatèrent entre les catholiques et ces réligionnaires, ainsi que les mesures que prit la diète de 1717, *mesures par lesquelles on enleva à ces derniers leurs droits civils, en les écartant de la diète et de tous les emplois.*

Ces mesures et ce changement ont paru aux deux écrivains un effet de fanatisme de la part des Polonais, et ils n'ont pas considéré que ce fanatisme, malgré qu'il eût pour cause l'opinion diverse des sectes, n'existait pas auparavant. Un motif étranger à la croyance dut, d'après cela, faire naître la dissension parmi eux.

M. Villers, en citant l'intention de la Suède qui voulait se servir des dissidens pour asservir la Pologne, indique que ce changement fut opéré par

---

Le clergé y fut toujours attaché à la patrie, et ne se montra point oppresseur des dissidens, comme cela eut lieu, même dans le siècle dernier, dans tous les états européens, à l'égard des sectaires des divers cultes.

la politique. Pourquoi cet écrivain ne s'appuie-t-il point de cette idée pour nous montrer la cause de ce changement dans l'opinion et la conduite du peuple polonais? Il s'ote la faculté de l'expliquer, en disant que l'aigreur des deux *partis ne put se calmer lorsqu'il ne fut plus mention d'une faction suédoise*. L'auteur de l'*essai*, et celui du *tableau de la Pologne*, auraient dû envisager que la faction russe succéda, parmi les religionnaires, à celle de la Suède. Ils auraient dû voir que quand même cette succession d'influence étrangère aurait été retardée, l'impulsion était donnée ; que le roi de Suède avait appris aux dissidens à se croire nécessaires aux puissances ; qu'il avait excité par-là leur ambition, et les avait rendus factieux dans l'état ; mais cette influence et cette intention de la Russie ne tardèrent pas à se manifester. Catherine qui venait de se faire un parti puissant dans la Grèce et dans l'empire turc, par les co-religionnaires russes, vit dans les dissidens des hommes propres à favoriser ses desseins sur la Pologne. La crainte de se voir livré à un voisin ambitieux, dut dès ce moment exciter les soupçons du gouvernement polonais, et des véritables amis de l'état ; ces soupçons étaient d'autant mieux fondés, que ces derniers étaient assurés que la faction suédoise avait une certaine force. M. Villers confirme ce danger, et appuie cette crainte naturelle en disant, *que ces religionnaires étaient en partie des audacieux sectaires, qui n'étaient pas souffert dans les pays protestans, et qui, de la Moravie, de la Silésie, de la Bohême, de l'Allemagne, de la Suède et de la Suisse, cherchaient en foule un refuge en Pologne*. Le gouvernement ne devait-il pas s'attendre à voir ces derniers se réunir à ses ennemis par fanatisme ou par des motifs ambitieux? *M. Villers avoue que les avantages que la Russie pourrait retirer des discussions religieuses des Polonais, n'échappérent point à l'œil pénétrant de Catherine, lorsqu'elle se déclara la protectrice des dissidens, dès qu'ils eurent réclamé son entremise*. Pourquoi ne pas dire qu'elle brigua leur réclamation, comme elle brigua celle des Grecs, Arméniens, etc., et qu'elle compta sur leur appui? Le gouvernement de Pologne dut porter la méfiance à leur égard jusqu'au dernier degré, dès l'instant qu'il eut connaissance des vues de Catherine, et des intelligences des dissidens avec son cabinet. Leur conduite audacieuse prouva bientôt que les mesures que le gouvernement avait prises reposaient sur sa politique nécessaire. Je dois dire ici que les Polonais, dans cette conjoncture, ne se montrèrent pas inconséquens, et ne détruisirent point volontairement leur systême. La nécessité de la conservation de leur indépendance leur en imposa la loi. Combien leur pays dans cette situation, fut différent de la France sous Louis XIV, où l'on vit les protestans, ou dissidens, qui étaient presque toujours indigènes, bannis de l'état, spoliés de leur fortune, et livrés au glaive du soldat, sans qu'un autre motif que le fanatisme ou la haine d'un jésuite justifiât cette horrible intolérance !

Avant de terminer cet article, je ferai observer à M. Villers, que lorsqu'un écrivain veut tout ramener au systême qu'il traite, sans avoir égard aux événemens et aux causes indépendantes de lui, il s'expose à tomber dans les erreurs les plus graves. Je lui dirai donc, qu'en généralisant l'influence de la réforme, il n'a pas examiné les autres motifs politiques qui ont contribué aux changemens opérés dans les idées, les mœurs, les sentimens, et la puissance des nations. Il n'a pu donner par conséquent, une idée entièrement exacte de ce grand changement qui eut lieu en Europe.

Il n'est pas inutile de faire remarquer que Voltaire semble avoir servi de guide aux deux écrivains cités dans cet article. Leur opinion est la même que la sienne : mais l'on peut remarquer que, s'il y a eu de leur part le même défaut de réflexion, leur motif est plus noble, puisque celui de Voltaire était, (je l'ai dit plus haut) de justifier aux dépens de la vérité les injustices et l'ambition de Catherine.

M. Villers a présenté des raisons moins plausibles sur les causes des dissensions religieuses en Pologne, que ne l'a fait *Rhulière* dans son *histoire de l'anarchie de ce pays*. Celui-ci attribue les divisions parmi les dissidens et les catholiques, aux calamités que produisirent la guerre *avec les cosaques, et celle contre la Suède relativement à la Livonie : cette guerre qui eut encore pour cause l'appel de Sigismond au trône polonais*, et qu'on peut nommer *religieuse*; puisque la religion en fut le fondement, sur-tout du côté des habitans de l'Ukraine, dut en effet enfanter des haines entre les divers sectaires; l'esprit public dut changer, et le systême de tolérance être affaibli dans les esprits. Ces motifs sont importans : ils eurent de l'influence dans ces circonstances; mais ils ne furent pourtant que secondaires. Le motif qui avait rapport à l'indépendance de la part de l'étranger, motif qui fit craindre à la majorité des Polonais leur entier asservissement, ainsi que le changement de la religion dominante contre la religion de la puissance qui menaçait leur pays de sa domination; ce dernier motif, dis-je, fut le principal; il fut, en un mot, celui qui entraîna la nation, et détermina sa conduite et sa politique relativement aux membres des différens cultes.

Je vais exposer l'opinion de Coxe qui n'avait aucun intérêt de flatter la Pologne : cet écrivain qui est reconnu véridique par caractère, et qui possédait le talent de l'observateur, talent propre à l'homme réfléchi, et spécialement aux savans et aux voyageurs de sa nation, ne peut être révoqué en doute.

Avant que de transmettre les idées de ce voyageur, j'observerai qu'il doit inspirer d'autant plus de confiance, qu'il ne s'aventure en rien; qu'il ne dépeint que ce qu'il voit, ou ce qu'on lui fait connaître sur les lieux, et qu'il ne s'étaie que d'autorités respectables, c'est-à-dire, du témoignage des personnes les plus éclairées et les plus à portée de recevoir les lumières. Son ton réservé, sage, plein de candeur, est celui de l'homme juste, et non de l'improbateur par système ou par manie; s'il a peint légèrement et d'une manière incomplette les mœurs des peuples du nord, il a suivi, dans ce cas, la marche du grand nombre des voyageurs ou des historiens, mais aucun d'entr'eux n'a sa véracité.... Voici les passages de son voyage, dans lesquels il parle de la Pologne.

« J'ai eu de fréquentes occasions de remarquer

» l'élégance et le luxe qui règnent dans les maisons
» et les campagnes des seigneurs polonais, (qu'on
» observe que Coxe généralise ici) ils semblent
» y avoir réuni, par un heureux choix, les modes
» françaises et anglaises. Dans les fêtes et les par-
» ties de plaisir, ils poussent la recherche trop
» loin : ils n'épargnent aucune dépense : ils ont
» un goût très-bon ; ils excellent sur-tout à causer
» d'agréables surprises. Nous éprouvions chaque
» jour les effets de leur politesse hospitalière ».

En parlant du souper qui fut donné aux voyageurs à Grodno, par un simple gentilhomme, Mr. Coxe dit : « le souper fut très-gai et très-
» agréable ; car les Polonais ont en général de
» l'esprit et de la bonne humeur, et leurs femmes
» sont aimables et bien élevées ».

Il est important d'observer que Coxe présente dans ce passage le tableau des mœurs particulières, puisqu'il s'agit du souper d'un simple gentilhomme; son assertion est ainsi généralisée, et s'applique à toute la noblesse. Une autre considération à laquelle on doit avoir égard, et qui prouve ce que je viens de dire, c'est que le souper avait lieu dans une ville de province éloignée de la capitale, ce qui indique que les mœurs et la politesse ne pouvaient s'y trouver, si ces qualités n'eussent été propres à la généralité des

Polonais. Je produirai ailleurs les observations du même voyageur sur l'état des sciences en Pologne, et sur le dégré des lumières de son peuple. J'ai à citer auparavant celles de quelques autres écrivains relatives aux objets que j'ai traités au commencement de ce chapitre.

Je vais exposer d'abord celle de Jean-le-Laboureur, *gentilhomme servant du roi de France*, *telle qu'elle est consignée dans l'ouvrage intitulé, Relation du voyage de la reine de Pologne et du retour de M. le maréchal de Guébriand, écrite en* 1647.

La naïveté, le bon sens de ce voyageur, ses motifs désintéressés, ainsi que son exactitude à observer, donnent le plus grand poids à son opinion; c'est la bonne foi et la franchise chevaleresque qui dirigent sa plume; je doute qu'aucun des écrivains modernes puissent inspirer autant de confiance. Il dit : « les Polonais sont magnifiques, prodigues, » dans leurs habits et dans leurs festins; glorieux » et superbes, mais bons et débonnaires; les » femmes y sont honnêtes, civiles, de peu de ma- » lice; la coquetterie n'y est point en usage, » aussi n'y ont-elles point le naturel porté; elles » sont simples dans leurs mœurs et pompeuses » dans leurs habits ».

Il dit ailleurs : « Les langues s'étudient avec » soin en Pologne, notamment l'italienne et la

» latine. Il y a peu de ceux qui ont appris le fran-
» çais, qui n'aient la même facilité de le parler que
» nous-mêmes. Ceux qui se sont voulu donner
» aux lettres y ont parfaitement réussi, entr'autres
» le grand Stassiens, évêque de Varmie, pour la
» théologie; Martin Kromer, son successeur, pour
» l'histoire. Paul Piasecki, évêque de Przemyst,
» est aujourd'hui dans la même réputation. La
» Pologne peut opposer à l'*Horace de l'ancienne*
» *Rome*, Mathias Sorbieski, l'un des gentils-
» hommes, et le plus excellent poète lyrique de
» notre siècle ».

En examinant l'analogie qui se trouve entre l'opinion de ce modeste et sincère chevalier, et celle de l'estimable Coxe, la présomption en faveur de leur jugement acquiert le plus grand degré de force.

Voici comment *le laboureur* s'exprime au sujet du courage des Polonais, et de leur manière de combattre.

« Ils ont cela de généreux, qu'ils gardent bien
» leurs rangs; s'ils avaient une infanterie nom-
» breuse et forte, je les tiendrais pour invin-
» cibles ».

Exposons maintenant les idées de l'auteur des mémoires sur la révolution de la Pologne, trouvés à Berlin, ouvrage qui a été reconnu aussi impartial que bien écrit et bien pensé, sur le caractère, les mœurs et la bravoure des Polonais.

« La nation polonaise est pleine de valeur. Les » Polonais ont généralement de la générosité, du » courage, de l'esprit, et une imagination vive. » Leur jugement est solide; mais leurs préjugés » les rendent souvent opiniâtres; leurs mœurs ne » sont pas aussi austères qu'elles l'étaient autre- » fois; mais elles sont moins corrompues que la » plupart de celles des autres nations de l'Eu- » rope ».

Qu'opposeront les détracteurs à un semblable portrait? il peint la nation d'après nature. Le tableau qui va suivre réfute ce qu'ils ont avancé, notamment M^r. Vautrin, tant sur les ressources de la Pologne, que sur les facultés propres à ses habitans.

« La Pologne, cette belle contrée, si riche en » productions, si abondante en hommes, qu'un » grand fleuve baigne, que nombre de rivières » arrosent, dont les habitans ont le courage et la » bravouve des anciens Sarmates dont ils descen- » dent, du goût pour les arts, de l'aptitude pour » les sciences, et tout ce qui caractérise un peu- » ple policé, et remarquable par les lettres qu'il » aime et qu'il cultive; la Pologne, dis-je, serait » aujourd'hui un royaume des plus considérables

» de l'Europe, si elle avait un bon gouverne-
» ment ».

Il n'a donc manqué aux Polonais qu'un bon gouvernement, pour être l'une des nations les plus florissantes ! Sans doute cette dernière assertion serait vraie, si la Pologne eût été différemment entourée ; mais il a existé une cause puissante de l'impossibilité de cette gloire éclatante et durable ; c'est la jalousie des nations voisines, et l'état de force où elles étaient parvenues. Le gouvernement eût-il été meilleur dans les derniers tems, les obstacles n'étaient pas moins grands pour la nation, et sa destinée se trouvait également bornée.

J'ai dit que je produirais les idées de l'abbé Desfontaines, sur ce qui a rapport au caractère et au sentiment des Polonais ; il dit : « les Polonais
» sont braves et intrépides jusqu'à la témérité.
» Ils seraient peut-être invincibles, si la docilité
» et la subordination militaire étaient mieux obser-
» vées chez eux ; fiers, généreux, francs, etc. etc. ».

Si l'abbé Desfontaines n'efface point par-là la diatribe que j'ai signalée dans un autre passage, du moins il montre la volonté d'être impartial, et il fait présumer que son opinion n'était qu'une erreur.

Je n'avais pas voulu m'étayer de l'autorité de Rhulière, d'après la connaissance que j'avais de la prévention qui l'a fait regarder par des écrivains, plutôt comme l'apologiste que comme l'historien de la Pologne; mais ayant examiné attentivement son ouvrage, je me suis convaincu qu'il n'avait point, comme l'a dit Mr. Malte-Brun dans un article du *Journal de l'Empire* (1), « *présenté des » monstres et des héros imaginaires* », idée qui a contribué fortement à établir cette prévention.

Rhulière n'a point présenté des héros imaginaires : Coyer, Solignac et tous les historiens étrangers, ont dépassé cet écrivain quant à l'éloge des personnages illustres de la Pologne. Il n'y a qu'à comparer ce que les autres auteurs ont dit de Sobieski, avec le portrait qu'il en fait lui-même pour en être convaincu. Le seul titre de son ouvrage, *l'histoire de l'anarchie de la Pologne*, indique l'intention de l'écrivain de ne point ménager le peuple dont il retrace les actions. Il serait aisé de prouver, en analysant son ouvrage d'une manière détaillée, qu'il ne préconise point les Polonais, comme on l'a cru faussement, et qu'il les a déprimés injustement dans quelques occasions.

---

(1) Cette application fut faite dans la feuille du 18 septembre 1811, en parlant de l'histoire de France de Mr. Lacretelle....

Je vais citer deux ou trois passages de cet auteur, pour montrer son opinion, que tout annonce être en général impartiale. Dans un de ces passages, il détruit l'inculpation qu'on a faite à la noblesse polonaise d'être ambitieuse.

« Cette noblesse, dit-il, pleine de vertus guer-
» rières, fut long-tems amie de la paix. Les lois
» qu'elle s'est imposées ne permettaient point les
» conquêtes ».

Dans celui qui suit, il répond à ce que dit Mr. Vautrin relativement au ton que prennent les grands dans la société.

« Il se forma parmi les nobles une politesse qui
» leur est particulière : humble, mais affectueuse
» dans les petits; grave, mais caressante dans les
» grands : leur égalité comme citoyens se laisse
» encore entrevoir jusques dans les prosternations
» asiatiques, où les premiers semblent toujours
» prêts de s'abaisser, et sur-tout dans l'affabilité
» que les grands conservent au milieu du faste
» qui les environne ».

Je dois citer une idée lumineuse de cet auteur, qui indique clairement la cause de l'infériorité militaire des Polonais. Il dit :

« La servitude fut cause qu'on n'arma point les
» paysans, et que les armées furent par-là moins
» fortes qu'elles n'auraient pu l'être ». Voilà en

effet la véritable cause de l'affaiblissement et de la ruine de la Pologne.

Je vais parler en détail de Mr. Malte-Brun (1), dont l'opinion, sous nombre de rapports, sert d'autorité avantageuse ; mais elle ne peut cependant avoir tout le poids qu'on a le droit d'exiger. Ses assertions, quelles qu'elles soient, peuvent être jugées incertaines, puisque l'auteur n'a pas travaillé d'après ses propres observations, mais d'après des mémoires, ou parce qu'il n'a transmis que l'opinion des autres écrivains dont il n'a souvent pu démêler les erreurs qu'il a même propagées, faute d'avoir une connaissance assez approfondie du pays et du caractère de ses habitans. Tel est l'écueil dans lequel tombent toujours les écrivains qui n'ont pas été eux-mêmes observateurs, ou qui ne raisonnent point d'une manière analytique générale l'opinion de ceux qui leur servent de guides : ils consacrent souvent les paradoxes, les diatribes même des voyageurs ou des historiens dont ils ont méconnu les intentions, ou dont ils ont mal apprécié le jugement et les lumières.

---

(1) C'est dans le même ouvrage, le *Tableau de la Pologne* que je viens de citer, que cette opinion est consignée.

La manière dont Mr. Malte-Brun répond à Mr. *Vautrin*, ainsi que le ton général de son ouvrage, prouvent son intention d'être juste envers les Polonais ; mais il a mérité dans son écrit un reproche grave : pourquoi, reconnaissant la partialité ou la fausse manière de voir de *l'Observateur en Pologne*, l'a-t-il cité ou imité si souvent ? C'est une contradiction dans son jugement.

J'exposerai les passages où Mr. Malte-Brun parle avec vérité, en s'attachant à des écrivains plus sages et plus éclairés que Mr. Vautrin ; j'indiquerai aussi quelques-uns de ceux où l'auteur du *Tableau de la Pologne* a adopté les idées de ce dernier ou celles d'autres écrivains aussi irréfléchis, et je m'arrêterai sur ceux de ces passages qui contiennent des inculpations importantes ; je citerai quelques articles qui servent à la défense des Polonais, et qui deviennent de nouvelles autorités, puisqu'ils sont extraits des auteurs les plus recommandables, ou parce qu'ils ont été puisés aux véritables sources, et reposent sur des notions vraies. Tel est l'article suivant au sujet des femmes polonaises.

« La beauté des femmes les a rendues célèbres » dans le nord ; elles surpassent du moins celles » de Russie pour la noblesse des formes, et celles » d'Allemagne pour le teint ; elles ont la taille

» svelte, le pied petit et joli, et de beaux che-
» veux; elles ont des manières plus agréables et
» plus animées que les dames de Russie, etc. ».

L'on voit que ce portrait est en harmonie avec celui que j'ai présenté, et qu'il contraste pleinement avec celui de Mr. Vautrin.

Mr. Malte-Brun dit ailleurs :

« Les Polonais (il parle des nobles) étaient en
» général estimés comme des hommes francs, gé-
» néreux; leur histoire est remplie de traits de
» courage et de dévouement, etc. »

Voilà un éloge frappant; mais je ne puis concevoir pourquoi l'auteur ne leur a donné cette qualité que dans le passé : s'ils ont dégénéré sous ce rapport, il fallait le dire, et montrer les causes de ce changement. Dans le même passage, il les élève au-dessus des *Russes et de tous les peuples de l'Europe orientale* : en exaltant leur caractère chevaleresque, et par une bizarrerie sans exemple, il attribue l'existence de ce caractère qui leur donna la suprématie dont il parle, au sang des Goths dont il les dit issus. Pourquoi mettre ici les Goths en scène? Est-il d'ailleurs constant que le caractère chevaleresque fut plus naturel aux Goths qu'aux anciens Saxons, qu'aux Teutons, qu'aux Francs, etc.? Ce caractère a dû avoir d'autres causes, et tenir plus directement à l'organisation physique de ce peuple.

L'auteur cite dans la même page la férocité reprochée aux anciens Polonais par *Barclai*, et il observe que cette férocité était inséparable de la valeur guerrière dans le moyen âge : cette raison a quelque justice ; mais ajouter que les institutions *l'ont perpétuée en Pologne*, c'est une erreur : les institutions ont perpétué l'esprit militaire; mais les sentimens ont pris une direction nouvelle, et la valeur a écouté la voix de l'humanité. L'inculpation de *Barclai* et celle de Mr. *Malte-Brun* étant très-graves, ce dernier aurait dû l'appuyer par des exemples. Il fallait qu'il démontrât par des citations historiques, que les Polonais avaient été plus féroces envers les vaincus que les autres Européens. Il est reconnu qu'ils ont été ennemis plus humains, plus généreux il y a deux siècles, que les Russes ne l'ont été dans ces derniers tems. Est-il dans leur histoire un exemple aussi odieux que le massacre d'Ismaïlow et de Praga par ces premiers? Jai parlé des Russes; mais les Polonais peuvent se mettre à cet égard en parallèle avantageux avec les Prussiens, les Allemands, et s'égaler même aux Français qui ont porté cette vertu guerrière au plus haut degré.

M[r]. *Malte-Brun* extrait un article du *Voyage de M[r]. Fortin de Piles :* cet article a principalement rapport aux femmes ; je vais le transmettre en entier. Ce dernier leur rend justice sous nombre de rapports. Le voyageur s'exprime ainsi :

« Les femmes polonaises jouissent de la réputation d'être les mieux élevées de l'Europe ; » toutes parlent français, ainsi que les hommes : » cette nation a une aptitude singulière pour » l'étude des langues : rien de plus ordinaire » qu'un Polonais de vingt ans, parlant trois ou » quatre langues sans le moindre accent. Nous » avons trouvé que les Polonaises, malgré leur » éducation renommée, avaient l'air effronté, » et se mettaient en filles ».

Ce dernier trait dépare le tableau, et n'est pas sans doute exact ni sensé : il suffirait, pour en montrer l'indiscrétion et l'absurdité, de faire observer que les filles ne diffèrent point en France, ( on doit prendre ce pays pour objet de comparaison, puisque c'est un Français qui parle), quant aux vêtemens, du plus grand nombre des femmes de la société. L'éducation des dames distinguées n'en peut être pour cela attaquée. Comment l'auteur du *Tableau de la Pologne* ne fait-il point ces rapprochemens ? Il y est contraint, dès qu'il cite des passages contradictoires, comme il l'a fait à l'égard des Polonaises. A quoi serviraient les citations dans les ouvrages, si celui qui les fait ne les produisait pour établir le systême d'instruction, et rectifier, par ses observations, celles de ces citations qui s'écartent de la vérité ?

Venons à un passage important, où Mr. *Malte-Brun* combat tour-à-tour, avec l'arme de la raison et de l'ironie, l'opinion de Mr. *Vautrin*, que j'ai déjà réfutée, sur la lâcheté qu'il prête aux Polonais. Dans ce passage, l'auteur juge l'académicien de Nancy d'une manière absolue. Heureux si, entraîné plus souvent par la même conviction, il eût rejeté les idées paradoxales et les calomnies du même écrivain !

« Les Polonais, dit-il, ont montré beaucoup » d'imprudence en s'exposant avec de si faibles » forces (30 ou 35 mille hommes), à une guerre » contre la Russie (1); mais personne n'aurait cru

(1) Comment Mr. Malte-Brun peut-il nommer *imprudence* ce qui ne fut qu'un effet de la nécessité ? Il ne restait aux Polonais que deux partis, celui de combattre, ou de passer sous la domination russe. Ils préférèrent le plus glorieux, et c'est dans cette situation qu'ils signalèrent sur-tout leur éclatante bravoure. Ce dernier trait était suffisant pour réfuter les détracteurs de cette bravoure : l'auteur aurait dû le faire remarquer, et s'interdire sur-tout le mot d'*imprudence* que rien ne peut justifier.

» qu'on pût les accuser de manquer de bravoure : » avancer cette absurde inculpation, était naturellement réservé à la bizarrerie anglaise ou à » la légèreté française.

» D'abord, Mr. *Vautrin* assure que les nobles » polonais ne sont que des paysans qui, après s'être » distingués à la guerre, ont pris le titre de *szlachcic* » qui, selon l'académicien de Nancy, ne signifie pas » *nobles*, mais, comme il s'exprime, *braves battans*. Ainsi, après avoir dégradé les biens polonais de leurs titres de noblesse, titres que d'ailleurs notre auteur paraît beaucoup respecter » chez d'autres nations, il nous révèle un secret » encore plus propre à étonner l'Europe ; il soutient que les compatriotes de Sobieski ont plus » de jactance que de bravoure ; que leur humeur » très-irascible cède promptement à la crainte de » la douleur ; enfin, qu'ils sont de très-mauvais » soldats, et que des armées entières de Polonais » ont pris la fuite devant une poignée d'ennemis. » Dans leurs assemblées politiques, dit Mr. *Vautrin*, les Polonais, après avoir bu, s'accablent » d'injures, se menacent du geste, et tirent leurs » sabres, seulement pour les remettre dans le fourreau. Quand un Polonais vous insulterait par » des paroles, vous n'avez, selon Mr. *Vautrin*, » qu'à crier plus fort que lui, pour lui faire peur et

» l'amener à vous demander pardon. Un duel » entre deux Polonais n'est qu'une scène d'opéra.

» Les traits même du visage des nobles polonais » annoncent la douceur et la timidité. Il règne le » plus profond calme dans leurs yeux; un air d'apa- » thie se montre dans leurs mouvemens muscu- » laires; enfin, ils sont blonds, blancs et vermeils, » tandis que les paysans ont le teint bronzé et pres- » que noir. Ces différences auraient dû conduire » Mr. Vautrin à conclure que les nobles polonais » descendaient des Goths, et les paysans des Scla- » vons. Cela lui eût pu servir merveilleusement à » expliquer cette douceur, cette timidité, cette lâ- » cheté enfin, dont il accuse en propres termes la no- » blesse polonaise; car les Goths sont aussi des peu- » ples blonds, et l'univers entier est, comme on sait, » rempli de monumens de leur lâcheté. C'est sans » doute par pure lâcheté que la race gothique, sous » tant de dénominations diverses, a conquis Rome, » l'Italie, l'Espagne et l'Afrique, l'Angleterre et » la Normandie.

» Ne serait-ce pas aussi par pure lâcheté, que » tant d'illustres polonais ont plus d'une fois fait » trembler Constantinople, délivré Vienne, se- » couru Copenhague, et placé un czar sur le trône » de Moscou? Lorsqu'ils dispersaient des nuées de » Moscovites et de Tartares avec quelques faibles » escadrons polonais, les Radzivill, les Sapieha,

» lorsqu'ils conquirent ou défendirent la Livonie, » les Zamoyski, vainqueurs de l'Autriche, les Ko- » niepolski, qui arrêtèrent les progrès et balan- » cèrent la fortune de Gustave-Adolphe ; tous ces » héros polonais ne sont-ils pas connus de Mr. Vau- » trin ? ils le sont, et pourtant il prétend que tout- » à-coup une nation si brave est devenue lâche, » et qu'elle l'était déjà sous le règne de Sobieski ».

L'auteur du *tableau de la Pologne* expose avec esprit et discernement les droits des Polonais à la gloire militaire; mais les dernières observations de son passage me paraissent manquer de justesse. *Il attribue uniquement la cause des défaites modernes des armées polonaises au changement de la tactique européenne, et sur-tout au perfectionnement de l'artillerie, qui a donné tant de supériorité à l'infanterie sur la cavalerie.*

Sans doute ce motif a pu ravir quelques avantages aux Polonais, qui sont les meilleurs cavaliers de l'Europe; mais ces mêmes Polonais sont aussi d'excellens fantassins; les légions au service de la France l'ont sans doute prouvé. En outre, l'assertion de Mr. Malte-Brun se trouve détruite par l'exemple que donnèrent les Polonais en 1795, où ils vainquirent en diverses circonstances, avec des forces moindres que celles qui leur étaient opposées, les Russes dont l'infanterie est justement renommée.

L'auteur eût dû montrer la véritable cause des défaites des Polonais, dans l'énorme accroissement des forces de leurs ennemis naturels, et dans leur propre infériorité; ( j'ai déjà fait cette observation ) et il aurait pu en indiquer d'autres secondaires qu'il aurait trouvées dans les divisions excitées par les puissances parmi les grands de l'état, et dans la séduction et la trahison de plusieurs d'entre eux.

L'auteur reproduit un ancien adage que je dois transmettre, adage par lequel les Polonais répondaient à ceux qui leur conseillaient de fortifier quelques places en Lithuanie et en Ukraine : *la liberté n'a pas de meilleurs remparts que nos poitrines.*

Peut-on porter la confiance et l'intrépidité du courage plus loin? Cette réponse n'est-elle pas digne des nations qui ont illustré la terre par leur bravoure?

Je dois encore faire observer à Mr. *Malte-Brun*, avant de finir l'article qui le concerne, qu'il aurait dû parler de la valeur héroïque des guerriers du dix-septième siècle, et de ceux de la dernière révolution. Sans doute celle de *Kosciuszko*, au milieu des prodiges de valeurs faits par ses généraux et ses soldats, méritait d'être associée à celle des grands guerriers que l'on a cités : elle pourrait prouver seule que les Polonais n'ont point déchu sous le rapport de la bravoure.

Je vais remettre en scène l'*observateur en Pologne*, et produire ce qu'il a avancé sur les lumières de ce peuple. Il n'est pas inutile de montrer la mauvaise foi de Mr. Vautrin, même dans l'instant où il se trouve accablé par les autorités. Ces citations ont encore pour but de l'opposer à lui-même.

« Le goût de la philosophie et des sciences, » observe-t-il, si universel en Europe, n'a pas » encore pénétré en Pologne ; elle n'a pas eu un » géomètre, un philosophe, un publiciste ni un » physicien ».

Mr. Vautrin avoue cependant que la Pologne a donné naissance à Copernic ; dans quelle classe range-t-il donc cet homme justement célèbre, s'il ne le place point dans la classe des physiciens et des géomètres ? Il dit ailleurs, *que la Pologne est encore couverte des ténèbres épaisses de l'ignorance*, on a vu qu'il avait déjà avancé qu'elle était *sans aucune civilisation et entièrement barbare ;* cependant il reconnaît qu'il y existe des académies, des universités, de nombreux collèges, des biliothèques publiques (1) que la poèsie y

(1) Puisqu'il s'agit de bibliothèque, je ne puis m'empêcher de citer un fait qui eut lieu à l'égard de celle de l'évèque *Zaluski* : cette bibliothèque était un des plus

est cultivée avec acharnement; et il se dément encore en observant que les productions des

---

beaux monumens littéraires de la Pologne; et ce fait que je vais rapporter est relatif aux Russes. Je le produis pour faire remarquer au lecteur la partialité des écrivains concernant cette nation, en ce qui a rapport aux lumières, et ce qui tient à l'amour des sciences et des arts.

L'évêque Zaluski avait laissé une bibliothèque considérable par le nombre des ouvrages, et précieuse par leur choix, et il en avait fait don à la nation. Les Russes s'en emparèrent, et le transport en fut ordonné pour Pétersbourg. Qu'arriva-t-il? Les préposés aux emballages mutilèrent une partie de ces livres, afin de rendre les ballots plus réguliers. J'ai vu de mes yeux les restes de ces ouvrages exterminés par le sabre Russe ( car c'était avec cette arme qu'ils faisaient l'opération ) dans la bibliothèque où je travaillais fréquemment dans mon dernier séjour à Pétersbourg...... Voilà cependant les hommes dont on a tant vanté la civilisation. Je me représentai lorsque j'eus la connaissance de ce fait, les soldats du *calife Omar* brûlant le dépôt inappréciable des sciences de l'antiquité à Alexandrie. Si l'on observait que l'ignorance des soldats prépara ce désastre, on répondrait que les soldats ont des chefs qui doivent les surveiller, et qui doivent différer d'eux par les lumières. Qu'on examine la conduite des Français en Italie, au sujet des monumens des arts, et l'on verra quelle différence se trouve entre les soldats d'un peuple entièrement policé, et ceux d'une nation encore demie barbare.

poëtes polonais, sont *sans goût*, et en citant les poëmes de l'évêque Krasicki, qu'il avoue être frappés au coin *du bon goût* et de la fine plaisanterie. Dans un autre passage, il parle ainsi :

« Ce n'est pas au défaut d'instruction publique » qu'il faut attribuer la pénurie des ouvrages » littéraires ». ( observez qu'il parle ici seulement de la pénurie des ouvrages et non des *bons ouvrages*, ce qui rendrait la réplique incertaine ), et dans d'autres endroits, il cite la verve abondante de l'évêque Naruszewicz, et il dit que *Varsovie fourmille de poëtes*... Quel amas de contradictions et d'inconséquences !... Je ne dois point passer sous silence un passage où l'*observateur en Pologne* détruit lui-même l'inculpation qu'il a faite au système du gouvernement polonais, à l'égard de la civilisation envisagée sous son rapport avec les arts.

« Tous les efforts pour introduire les arts de » luxe en Pologne, accusent l'imbécillité de ceux » qui les font; les bras ne suffisent pas à beaucoup près, pour gratter la superficie des terres » labourables. Les attacher à des professions oiseuses, c'est les arracher à l'agriculture, sans » laquelle les arts ne peuvent fleurir, etc. ».

D'après ce tableau qui est vrai dans ses principaux traits, le gouvernement polonais suivait le système utile, en ne favorisant point l'introduction des écrivains.... Il dit que les Polonais sont insoucians *pour les arts*, *et inhabiles pour les entreprises utiles*, et il indique en même tems celle que fit un particulier pour joindre la *Baltique à la Mer-Noire par un canal de sept milles, qui joignait le Przypec qui se jette dans le Dniéper avec la Szczara qui porte les eaux dans le Niémen, qui tombe dans la mer-Noire*; peut-on employer un argument plus fort pour se réfuter soi-même? Il ajoute : « cet exemple patriotique » fut imité par la république, qui s'est mise en » devoir d'exécuter l'ancien projet d'unir le Przypec » au Bog, c'est-à-dire le Dniéper à la Vistule ». Ici l'auteur détruit encore ce qu'il a dit au sujet de l'indifférence du gouvernement pour les objets utiles.

Je cesse de parler de Mr. Vautrin; je crois que la conviction de sa partialité est dans tous les esprits (1). Je reviens sur ce qu'a dit le voyageur Coxe, relativement à l'état des sciences et de la

---

(1) L'ignorance de Mr. Vautrin est aussi manifeste à l'égard de la géographie et de la langue de la Pologne, qu'elle l'est à l'égard des mœurs, des sentimens et des lumières de ces peuples. Il prétend qu'il n'existe point dans la langue polonaise de termes pour exprimer *montagne*, *colline*, *vallon*, etc.

littérature en Pologne : cette citation offre un nouveau moyen de réfuter ses détracteurs. On va voir que la première phrase du voyageur justifie politiquement la nation, relativement à l'infériorité où elle est restée à l'égard des sciences et des lettres.

« Quoique par suite de l'état politique de ce » royaume, les sciences n'y aient jamais été bien » répandues, cependant on y a toujours vu des » hommes de génie et de savoir qui l'ont illustré; » et peut-être aucune nation ne pourrait-elle citer » un plus grand nombre d'excellens historiens, » et des hommes qui aient écrit plus savamment » sur les lois et la constitution politique ».

Qu'on remarque au sujet de ce dernier pas-

---

Le premier Polonais dira que ces mots divers se trouvent dans l'idiome de son pays. Les voici : montagne, *gora ;* colline, *przygurek* ou *podgurek ;* vallon, *dolina ;* vallée, *dol.* Comment cet écrivain n'a-t-il pas su que la langue esclavone, d'où dérive la polonaise, est l'une des plus riches que l'on connaisse? Comment n'a-t-il pas réfléchi que ces mots peuvent d'autant moins manquer à la langue polonaise, que les régions où elle est en usage, ont des montagnes, des collines, des vallons, etc.?

Quant à ce qui concerne la géographie, Mr. Vautrin a naïvement agrandi le territoire polonais, et ce n'était pas sans doute son intention. Quoi qu'il en soit, son ignorance a été au moins utile une fois à l'orgueil de la Pologne.

sage, que c'est un Anglais qui parle, et qui élève la Pologne au-dessus de son pays, dans une partie où l'Angleterre croit ne point avoir de rivale.

Il dit plus bas, en parlant du dernier règne :

« Les Polonais ont fait paraître depuis peu d'années plus d'ouvrages estimables sur toutes sortes » de sujets, qu'il n'en avait paru ci-devant dans » aucune période de même étendue ».

Coxe attribue cet effet à la protection du souverain. Le génie de la nation n'était donc pas affaibli ; la nation elle-même n'était donc point dégradée ? Il est certain qu'elle pouvait tout pour la gloire scientifique et littéraire, sous des princes tels que les *Cazimir*, les *Sigismond*, et *Auguste II* l'un des plus grands protecteurs des sciences et des lettres qu'ait eus la Pologne.

Coxe ajoute dans le même passage :

« Mais ce qui est plus important encore, c'est » que le goût des sciences s'est répandu dans » l'ordre de la noblesse, qu'il y est regardé au» jourd'hui comme l'une des qualités qui doit dis» tinguer le gentilhomme : par-là plusieurs ont » tourné l'activité qui les rendait citoyens turbu» lens et dangereux, vers des objets propres à » adoucir leur caractère et leurs mœurs ».

Ce voyageur dit dans un autre endroit, en transmettant le discours que lui tint le roi (Stanislas-Auguste III) au sujet des historiens, « que » les Polonais n'avaient aucune bonne histoire en » leur langue, mais qu'il espérait que cette espèce » de honte allait être effacée, parce qu'un homme » de génie et de savoir s'en occupait ». Le roi ajouta : « Les Polonais ont des histoires excel» lentes, mais toutes écrites en latin, la connais» sance de cette langue étant très-commune en » Pologne ».

Voilà sans doute une nouvelle opinion très-respectable ; et ce que dit le prince sur le manque d'une bonne histoire dans la langue nationale, ne prouve rien contre le génie ni le degré de lumières d'une nation, puisque l'idiôme n'a aucun rapport ni avec le génie ni avec les lumières.

Je citerai à présent l'opinion de Mr. de Ségur sur l'état des lumières en Pologne. On a bien à regretter qu'un écrivain si éminemment distingué par ses lumières littéraires et politiques, qui s'est montré aussi judicieux et aussi ami de la vérité, n'ait écrit en général que sur la politique concernant la nation polonaise. On aurait pu s'attendre que, s'il eût embrassé la partie des mœurs, et dépeint les sentimens et le caractère des Polonais, il les aurait vengés des injustices des autres écrivains. Il dit dans son *Tableau historique et politique du règne de Frédéric-Guillaume II :*

« La Pologne fut long-tems comptée comme » puissance du premier ordre, et depuis le 14$^{e}$. » jusqu'au 16$^{e}$. siècle les sciences y fleurirent « peut-être plus que dans aucun autre pays. Le » célèbre Copernic y naquit : on l'a cru Allemand, » parce qu'il était chanoine de Varmie ; mais ce » pays, l'un des palatinats de Pologne, ne tomba » sous la domination de la maison de Brandebourg » qu'au premier partage en 1773. Il était né à » Thorn dont la Prusse ne s'empara qu'en 1793 ».

Orzechowski, antérieur à Maretus, fut célèbre par son éloquence. Ici M$^{r}$. de Ségur répond péremptoirement à M$^{r}$. Vautrin, qui a avancé positivement que l'éloquence était inconnue en Pologne :

« Kromer, historien, est peu inférieur à Tite-» Live ».

Quel plus bel éloge ! Une nation qui n'est pas née pour la gloire littéraire, aurait-elle pu produire un semblable écrivain, et mérité cette juste louange ?

« Sorbieski, ajoute M$^{r}$. de Ségur, a répandu tant » de grâces dans ses poésies, qu'on la traduit dans » plusieurs langues. Les poëmes de *Kochanowski*, » les traités de morale de *Fedro*, les traités politi-» ques de *Gornicki*, les pastorales de *Ziemoro-*

» *wicz*, ont acquis à leurs auteurs une juste » célébrité ».

Je termine ces citations qui ont dû fixer l'opinion du lecteur. Je joindrai à la fin de l'ouvrage une liste alphabétique des savans ou littérateurs de la Pologne, cette liste servira encore à convaincre de mauvaise foi ou d'ignorance plusieurs écrivains qui ont cherché à détruire la gloire littéraire de mon ancienne patrie.

J'ai dit qu'avant d'achever cet écrit, je produirais l'opinion de J. J. Rousseau sur la servitude du peuple polonais. Qu'il me soit permis de rapporter les idées du même auteur sur les sentimens de mes compatriotes. Ce témoignage d'un homme justement célèbre, réfute l'opinion des écrivains qui ont jugé que les Polonais se plaisaient dans l'anarchie, et qu'ils avaient perdu tous les droits à l'existence politique.

Rousseau dit :

« Cette région dépeuplée, dévastée, opprimée, » ouverte à ses agresseurs, au fort de ses malheurs » et de son anarchie, montre tout le feu de la » jeunesse ; elle ose demander un gouvernement » et des lois, comme si elle ne faisait que de » naître (1) ; elle sent en elle cette force que la

---

(1) Je crois devoir témoigner ici mon admiration pour la modestie et la bonne foi que montre J. J. Rous-

» tyrannie ne peut subjuguer. Je crois voir Rome » assiégée, régir tranquillement les terres sur les» quelles l'ennemi venait d'asseoir son camp ».

Ailleurs : « Vous aimez la liberté, vous en êtes » dignes ». (Ici Rousseau entend la liberté civile, et sur-tout l'indépendance comme nation). « Vous » l'avez défendue contre un agresseur puissant » et rusé, qui feignant de vous présenter les liens » de l'amitié, vous chargeait des fers de la servi» tude. Maintenant, las des troubles de votre pa» trie, vous soupirez après la tranquillité ».

Voici ce qu'il dit dans un autre passage du même écrit, au sujet de la difficulté de donner la liberté aux serfs. Les motifs de cette dernière opi-

---

seau dans cet écrit où il se déclare inhabile à donner à la Pologne le plan d'une constitution exacte ; il fait entrevoir ainsi aux Polonais combien il était inconvenant pour un peuple de chercher chez les nations étrangères un législateur. En effet, il n'y avait qu'un Polonais très-éclairé sur ce qui concernait son pays, qui pût combiner les idées, les préjugés, les penchans, le caractère de la nation avec l'influence du climat, les mœurs établies, les avantages et les désavantages du sol, et fût par cela même propre à remplir cette tâche.

La Pologne avait alors de très-habiles politiques, et notamment Mr. de Wielohorski, dont Rousseau reconnaît si hautement les lumières et les talens.

nion contribuent à justifier la noblesse, relativement à la négligence qu'elle a mise à opérer cet affranchissement; négligence que la plupart des écrivains ont regardée comme essentiellement condamnable, en n'envisageant point, comme Rousseau le fait d'abord, la grande raison politique qui semblait s'y opposer, ou qui au moins nécessitait la plus grande prudence relativement à cet objet.

« Je sais la difficulté du projet d'affranchir vos » peuples; ce que je crains n'est pas seulement » l'intérêt mal-entendu, l'amour-propre et les » préjugés des maîtres; cet obstacle vaincu, je » craindrais les vices et la lâcheté des serfs : la li- » berté est un aliment de bon suc, mais de forte » digestion; il faut des estomacs bien sains pour » le supporter ».

Ailleurs : « Affranchir les peuples de Pologne » est une grande et belle opération, mais hardie » et périlleuse, et qu'il ne faut pas tenter incon- » sidérément. Parmi les précautions à prendre, il » en est une indispensable, et qui demande du » tems; c'est, avant toutes choses, de rendre » dignes de la liberté et capables de la supporter, » les serfs qu'on veut affranchir ». Plus bas : « N'affranchissez leurs corps qu'après avoir

» affranchi leurs ames : sans ce préliminaire, » comptez que votre opération réussira mal ».

Ces mesures étaient indispensables à l'époque où Rousseau traçait ce plan du gouvernement, parce que la nation était sans appui et sans guide; mais dès l'instant que l'empereur Napoléon s'est déclaré le protecteur de celle-ci, et qu'il a confondu les Polonais avec les autres sujets du roi de Saxe, l'inconvénient n'a plus existé; le sort de tous les habitans du duché de Varsovie a été assuré, et ils n'ont plus eu à redouter, ainsi que je l'ai observé ailleurs, de voir leur tranquillité troublée et leur bonheur affaibli !

Que l'auguste protecteur de la Pologne, et ma nation, me permettent ces dernières observations et ce nouvel élan de mon enthousiasme.

Polonais! honorez-vous de vos sentimens; maintenez ce caractère ardent et ferme qui va placer plusieurs d'entre vous au rang des héros, et voyez avec orgueil votre existence, puisque vous égalez les autres nations du monde par vos vertus. Allons plus loin : ne nous dissimulons pas que le sort nous impose des obligations plus grandes que par le passé. Notre nation doit un grand compte à la postérité; elle doit donc redoubler en ces derniers tems de vertu et de grandeur d'ame, pour mériter les bienfaits que l'avenir lui promet, et s'en rendre digne. Ne voyez-vous pas, ô mes compatriotes! l'antique Rome sortir de ses ruines, annoncer qu'elle va reprendre sa première splendeur, et qu'elle deviendra encore une des capitales du monde? Elle obtiendra ce droit éclatant et suprême, parce que telle est la volonté de celui que le ciel a choisi pour faire renaître toute grandeur et remettre tout à sa place. Napoléon doit faire revivre la gloire et l'esprit des anciens Sarmates; et par un de ces triomphes d'harmonie qui lui sont propres, et par lesquels il transforme les intérêts et les volontés des peuples sarmates nouveaux, il réunira votre cause à celle de Rome; et c'est alors que la gloire de cette ville, autrefois maîtresse de l'univers, et dont vous fûtes les ennemis légitimes, s'abaissera devant celle de la nouvelle Rome qui fixera entièrement votre amour, et à qui vous devrez une reconnaissance éternelle.

# LISTE
## DES SAVANS ET LITTÉRATEURS DE LA POLOGNE.

Dans cette nomenclature de savans et littérateurs de la Pologne, je ne cite que ceux dont les travaux sont consignés dans les divers ouvrages modernes, et dont la réputation est déjà invariablement établie. Je n'ai pu présenter qu'une liste incomplette, n'ayant pas en ce moment la ressource des bibliothèques où je pourrais puiser les documens. Je réparerai cette omission dans un ouvrage plus étendu, et d'une autre nature, que je me propose de publier sur la Pologne.

Bielski (Martin), historiographe très-renommé.

Bielski (Jean) a embrassé avec succès la même carrière que son père Martin Bielski.

Chruszinski, bon poëte et historiographe.

Corosi, en 1777, est auteur d'un *Essai d'Hydrographie de Mocin*, et d'un livre sur la *Minéralogie de la Pologne et de la Saxe.*

Czacki, staroste. On peut le comparer à Peyrescius; c'est un homme d'un grand génie, et l'on peut dire universel : il a de vastes lumières, une mémoire étonnante, et porte son zèle pour les sciences jusqu'au dernier degré. Il est auteur de la *Carte hydrographique du Dniester*. Il a écrit aussi *sur le commerce de la Turquie*, et les renseignemens qu'il donne sont très-lumineux.

Czerwiakowski est auteur de plusieurs écrits sur la chirurgie.

Dlugosz (Jean), surnommé *Longinus*, est un historien d'un grand mérite.

Dmuchowski est savant, profond, aussi bon critique que la Harpe, et poëte du premier ordre.

Dogiel (Mathée) a recueilli sous le règne d'Auguste III, *Codex regni Poloniæ, et magni ducatûs Lithuaniæ diplomaticus*. Il est auteur encore de l'ouvrage intitulé : *Limites regni Poloniæ et magni ducatûs Lithuaniæ*.

Me. Druzbacka s'est fait un nom honorable dans la littérature polonaise, par ses écrits poétiques.

Flachsbinder (Jean), *Dantiscanus Acuriis*, avantageusement connu par ses poésies latines.

Fredro (Maximilien), bon historien.

Glitschner, prédicateur luthérien, a traduit *Isocrates de Corona* en polonais.

Glogau (Jean), l'un des premiers professeurs de l'université de Cracovie, est très-célèbre par ses connaissances philosophiques.

Gornicki (Lucas). Son *Homme de la Cour* est un ouvrage d'un grand mérite et généralement estimé.

Heidensteins, bon littérateur, ami de Kochanowski.

Herburts est très-connu dans la littérature; il fut l'ami inséparable de Jean Kochanowski.

Hevelius (Jean), astronome renommé dans son siècle.

Jablonowska, princesse célèbre par ses connaissances en histoire naturelle. Elle posséda un cabinet de ce genre, du plus grand prix.

Jakubowski, auteur de plusieurs ouvrages militaires très-estimés.

Janicki (Clément), poëte latin.

Kadlubek (Vincent), mort l'an 1223, fut le premier historiographe de la Pologne.

Karpinski. Il est le plus aimable et le plus tendre des poëtes. Quel amant, quel malheureux ne trouve pas dans la poésie un soulagement à ses peines!

Klonowicz, fameux par ses Idylles écrites sous le règne de Stéfan.

Kluk a publié une Histoire naturelle très-soignée.

Knapski (Grégor), jésuite, auteur d'un *Dictionnaire grec et latin*.

Kniaznin, poëte qui illustra son siècle par ses écrits.

Kochanowski (Jean) peut être nommé le prince de la poésie polonaise.

Kochanowski (Pierre) traduisit *Virgile* et la *Jérusalem délivrée* du Tasse.

Kopernic. Il serait inutile de parler de ses travaux, puisqu'ils sont connus de l'univers entier.

Konarski (Stanislas) produisit un écrit de la plus grande importance *sur la manière d'élever les enfans.* Il est auteur d'un autre où il a montré les vues du *libero veto ;* et il porta le dernier coup à cette institution.

Kopczynski, piariste, auteur d'une très-bonne *Grammaire polonaise.*

Krasicki, évêque, a composé plusieurs ouvrages d'Encyclopédie polonaise, ainsi que plusieurs fables; *la Guerre des Souris,* en vers; un poëme comique, ayant pour titre : *la Guerre des Moines.* Tous ces écrits sont pleins d'esprit, d'originalité, et lui ont mérité à juste titre l'une des premières places parmi les écrivains de cette nation.

Krzonczynski, jésuite, est remarquable par un ouvrage intitulé : *Auctorio Historiæ naturalis.* Ce livre fut produit avant ceux de Linné, de Buffon et de Martini.

Krzycki (André), surnommé *Critius,* évêque de Plock, très-connu par ses ouvrages en prose et par ses poésies.

Lachowski, jésuite, fameux prédicateur du roi, a fait des sermons où se trouvent la force du génie et la sublimité de l'éloquence.

Ladowski a composé une histoire naturelle de la Pologne.

Laski (Jean), archevêque de Gnesen ; il était l'ami intime d'Erasme, et fit le premier recueil de statuts polonais.

Lasicki (Jean). Ses écrits sur la Statistique sont très-distingués.

Leopolita (Jean), jésuite, est le premier qui ait traduit et fait imprimer la Bible en 1561.

Leszczynski (Stanislas); ce souverain respectable par ses malheurs et par ses qualités rares, a produit plusieurs écrits recommandables, soit en français, soit dans sa langue. Je crois que la bibliothèque de Guettingon, possède un manuscrit de ce prince, dont on fait le plus grand cas.

Lubienicki (Stanislas) obtint une grande réputation par l'ouvrage ayant pour titre : *Theatrum cometicum, et Historiam reformationis ecclesiar. polon.*

Luskina, homme de lettres du mérite le plus rare, et très-connu par le journal dont il était le rédacteur.

Miechow (Mathée), médecin du roi Sigismond, a écrit l'histoire de son règne.

Modrzewski (André) a fait des ouvrages sur la statistique.

Naglowiez (Nicolas) a publié plusieurs poëmes distingués.

Naramowski, jésuite, est l'auteur d'un ouvrage très-important, intitulé : *Facie Rer. Sarmaticar.*

Naruszewicz (Adam), grand historien et poëte ; il a traduit Tacite. Ses poésies sont estimées ; il en existe une traduction allemande. Il a fait aussi la biographie du fameux Chodkiewicz.

Niedziesko, chanoine de Cracovie et gouverneur du prince Cazimir IV, est connu par son histoire estimable de la Pologne, écrite en langue latine.

Niemcewiez, compagnon célèbre des malheurs de l'immortel Kosciuszko. Par ses écrits et ses connaissances littéraires, il peut être compté parmi les premiers savans de l'Europe.

Niesiecki a écrit sur la généalogie et la science héraldique.

Okolski, jésuite, a fait un ouvrage sur la science héraldique.

Orzechowski (Stanislas) est un écrivain très-célèbre par son éloquence.

Osinski est auteur d'un écrit sur la physique.

Potocki (Vincent), poëte polonais.

Paprocki (Bartholomaüs) a écrit sur la généalogie de la noblesse de la Pologne et des pays voisins.

Piasecki (Paul), évêque de Przemysl, auteur distingué d'une *Histoire de la Pologne*, et d'un ouvrage intitulé : *Paxis Episcopalis*, qui a été traduit dans les langues étrangères.

Poczobut, astronome très-connu et très-estimé dans sa partie.

Pomarkant (le père), orateur, fameux par l'oraison funèbre du prince Sulkowski.

Poniatowski (Stanislas), père du roi de Pologne, est

connu par des observations sur l'histoire de Charles XII par Voltaire.

Poninski (Antoine), poëte latin.

Przeluski (Jacob) a publié des ouvrages sur les statuts : ses observations et ses raisonnemens ont le mérite le plus rare.

Przybylski a traduit plusieurs ouvrages de l'anglais en polonais, ainsi que ceux d'Hésiode.

Radzewski (François), connu sous le nom de *Poklaczki*, a écrit sur la politique et la statistique.

Radzivill (la princesse), épouse du palatin de Vilna, a publié plusieurs ouvrages en vers.

Rapagetanus (Stanislas), grand théologien luthérien.

Rogalinski, est auteur d'un bon livre sur la physique expérimentale.

Rudowski (Jean), historien d'un mérite rare.

Sarbiewski, jésuite, fut un des premiers poëtes de la Pologne.

Sarnicki, historien très-estimé.

Sawicki (Gaspard), jésuite, connu sous le nom de *Gaspard Cichodzki*, a publié plusieurs écrits, notamment *Alloquia Ocieceusia*.

Sektutian (Jean) traduisit en 1551 *le Nouveau Testament* du grec en polonais.

Simonides fut l'auteur le plus célèbre de son siècle ; il mérita l'entière estime, ainsi que l'amitié du grand Kochanowski.

Sobieski (Jean), castellan de Cracovie, père du roi Sobieski, est compté parmi nos bons historiens.

Sniadecki (Jean) auteur d'une algèbre. Il peut être regardé comme l'un des plus grands mathématiciens de l'Europe.

Stobnica (Jean) a mis au jour d'excellens écrits philosophiques.

Strzenski (Martin), connu sous le nom de *Polonus*, écrivit la chronique dans le 13e. siècle.

Szalaszowski (Nicolas), fameux par l'ouvrage intitulé : *Jure publico*.

Szaniawski. Cet auteur s'est fait connaître par son écrit sur la philosophie du célèbre Kant.

Tomicki (Pierre), évêque de Cracovie, protecteur reconnu des belles-lettres ; il possède une très-grande connaissance des langues hébraïques et grecques. Dans l'ancienne bibliothèque de Zaluski, qui (je l'ai dit ailleurs) se trouve malheureusement aujourd'hui la proie du brigandage russe à Pétersbourg, on voit ses manuscrits en langue latine, sous le titre de *Pater et norma cancellanorum* : pour donner au public plusieurs livres en langues hébraïque et grecque, il a fait venir d'Italie un nommé Georges Liban, connu par l'élégance de son style, et par ses connaissances dans ce genre de littérature.

Trxecieski (Jean), appelé *Trecesius*, ami d'Erasme, protecteur des sciences, fut du nombre des traducteurs de la Bible.

WAPOWSKI (Bernard) chanoine de Cracovie, écrivit l'histoire de Sigismond Ier. Il avait beaucoup de connaissances en mathématiques; et le célèbre Kopernic se servait habituellement de ses conseils.

WARSZEWICKI traduisit en 1551, Héliodore, du latin en polonais.

WIBIEKI, aujourd'hui palatin en Pologne, auteur des réflexions sur la vie du célèbre Zamoyski. Cet ouvrage qui est digne de la grande réputation littéraire de son auteur, suffirait déjà pour l'immortaliser, si les services qu'il rend maintenant à sa patrie renaissante ne lui donnaient pas plus de droit à l'estime générale et à l'amour de ses concitoyens.

WISNIOWIECZKI (le prince) est l'auteur de plusieurs poëmes.

WYZWICZ (l'abbé) est un homme de lettres très-distingué : l'oraison funèbre qu'il prononça sur la tombe de Modzieiowski, évêque de Posen, est un chef-d'œuvre d'éloquence qui a fait sa réputation.

ZAMOYSKI (Jean), le même qui illustra la Pologne dans la carrière politique et militaire, est auteur de plusieurs ouvrages distingués. On ne peut trop exalter, au milieu de toutes ses grandes qualités, son goût pour les lettres qu'il fit fleurir, et dont il fut l'un des plus zélés protecteurs.

FIN.

# TABLE

## DES MATIÈRES

### CONTENUES DANS CET OUVRAGE.

## Chapitre V.



## Chapitre VI.



FIN DE LA TABLE DES MATIÈRES.

## Fautes essentielles a corriger.

| Pag. | lig. | |
|---|---|---|
| 5 | 2 | son antique honneur, ainsi que sa puissance, *lisez* son antique honneur, sa puissance. |
| 21 | 1 | lorsqu'on a les plus brillans, *lisez* lorsqu'on en a de plus brillans. |
| 26 | 6 *et* 7 | autant de, *lisez* plutôt sa. |
| 30 | 26 *et* 27 | entraînaient, *lisez* entraînèrent. |
| 37 | 12 *et suiv.* | regarder les royaumes à la souveraineté desquels ils prétendaient comme ennemis, *lisez* regarder comme ennemis les royaumes à la souveraineté desquels ils prétendaient. |
| 38 | 10 | à un certain, *lisez* jusqu'à un certain. |
| 44 | 2 *de la note.* | conduit, *lisez* conduite. |
| 52 | 11 *de la note.* | philosophis, *lisez* philosophie. |
| *Idem.* | 18 *de la note.* | Chodkiewiez, *lisez* Chodkiewicz. |
| 58 | 25 | Chockzim, *lisez* Chocim. |
| 83 | 22 | Targoiwtz, *lisez* Targowicz. |
| 91 | 17 | ses motifs, *lisez* ces motifs. |
| 96 | 2 *de la note.* | Kosciuszki, *lisez* Kosciuszko. |
| 97 | 25 | Wawrzeeki, *lisez* Wawrzecki. |
| 98 | 8 | Maciejowieze, *lisez* Maciejowicze. |
| 104 | 1 | sur les territoires, *lisez* sur le territoire. |
| 109 | 14 | du joug, *lisez* au joug. |
| 126 | 25 | celle, *lisez* celles. |
| 128 | 2 | Lescynski, *lisez* Lesczynski. |
| 130 | 8 | les diriger, *lisez* la diriger. |
| *Idem.* | 14 | voiler ceux, *lisez* voiler les projets. |
| 133 | 4 | animait, *lisez* eût animé. |

| Pag. | lig. | |
|---|---|---|
| 145 | 15 | connus, *lisez* connues. |
| 146 | 9 | Wilohorski, *lisez* Wielohorski. |
| 150 | 19 | *Bichfeld,* lisez *Bielefeld.* |
| 164 | 7 | Przemyst, *lisez* Przemysl. |
| 175 | 10 | biens, *lisez* liens. |
| 180 | 1 | *de la note*, et ce fait, *lisez* et le fait. |
| 192 | 19 | Mocin, *lisez* Mlocin. |
| 195 | 8 | et il porta, *lisez* il porta. |
| 196 | 12 | Guettingon, *lisez* Guettingen. |
| *Idem.* | 23 | Naglowiez, *lisez* Naglowicz. |
| 197 | 6 | Niemcewiez, *lisez* Niemcewicz. |
| 200 | 7 | Wibieki, *lisez* Wibicki. |
| *Idem.* | 12 | ne lui donnaient pas plus, *lisez* ne lui donnaient plus. |
| *Idem.* | 16 | Wyzwicz, *lisez* Wyrwicz. |

www.ingramcontent.com/pod-product-compliance
Ingram Content Group UK Ltd.
Pitfield, Milton Keynes, MK11 3LW, UK
UKHW021138260726
13994UKWH00001B/200